孩子，愿你一生勇敢 心中有光

郝景芳 — 著

中信出版集团 | 北京

图书在版编目（CIP）数据

孩子，愿你一生勇敢心中有光 / 郝景芳著. -- 北京:
中信出版社, 2020.8（2020.9重印）
ISBN 978-7-5217-1981-9

Ⅰ.①孩… Ⅱ.①郝… Ⅲ.①儿童教育－家庭教育
Ⅳ.①G782

中国版本图书馆CIP数据核字(2020)第106525号

孩子，愿你一生勇敢心中有光

著　　者：郝景芳
出版发行：中信出版集团股份有限公司
（北京市朝阳区惠新东街甲4号富盛大厦2座　邮编100029）
承 印 者：北京通州皇家印刷厂

开　　本：889mm×1194mm 1/16　　印　　张：13.5　　字　　数：150千字
版　　次：2020年8月第1版　　印　　次：2020年9月第3次印刷
书　　号：ISBN 978-7-5217-1981-9
定　　价：59.80元

服务热线：400-600-8099
投稿邮箱：author@citicpub.com

自序

每个你眼中“别人家的孩子”，都有你不知道的忧伤

很多人小时候，可能都曾经被父母口中“别人家的孩子”打击过。那个孩子从小学一年级开始，期末考试一直都是年级第一，平时参加各种活动，该玩的都玩，到了高考，依然考得很好。大学毕业之后，又拿到硕士、博士学位和国际奖项。如果有这样一个孩子，是不是招人烦，甚至招人忌恨?

很“不幸”，我好像就是这样一个不受欢迎的“别人家的孩子”——这一点我平时都不敢讲。

但其实我自己知道，我心中的自己和别人看到的那个“别人家的孩子”，绝对不一样。

我记忆中的成长岁月，失落多于骄傲。在我自己的眼中，我的成长过程并不是充满成功，而是一直在朝着心中的光亮奔跑却永远跑不到头，我不断向心中之光靠近，可是一次次地，不仅总是达不到目标，而且还离目标越来越远了。我是在不断失望的过程中鼓起勇气，慢慢长大。

01

遥远的光是什么呢？是一种“未来我的人生要像这样”的模糊的感觉。

我在学业上一直追求“遥远的光”。但考试从不是我的主要目标。语文老师鼓励我们自由写作，我于是幽默点评《三国演义》，也写了些讽刺现实的东西，还羞怯地写了几个小说。那个时候的我，野心勃勃地想要在高中的时候出版一本畅销书。

但高一之后，一系列的阅读让我开始无法提笔。先是马尔克斯的《百年孤独》，我当时就被惊呆了：怎么还能有人写得这么好！不动声色的讽刺、突如其来的转折、惊人的想象，一切都是更高级的写作手法。跟马尔克斯的现实讽刺相比，青年先锋文学作家就显得太浅白而抖机灵了，看我的写作，更是幼稚得不忍直视。然后我读到卡尔维诺的《看不见的城市》，又被惊呆了：怎么还能有人如此轻灵又深刻！没有任何炫耀学识的大段落，没有厚重的历史渲染，但就是能在每个章节读出哲学的闪光，看出作家的洞见。

从那个时候开始，我的写作就谦卑多了。还是试着写了点小说，但一直没有贸然发表。我心里有了光，这光是马尔克斯、卡尔维诺、罗曼·罗兰、福克纳、塞林格、博尔赫斯、加缪……

后来我尝试在文章里加一点马尔克斯式的非现实元素，但一直不太成功。我写细腻灵动的故事，远没有塞林格微妙。写短促尖锐的小说，也比博尔赫斯的睿智差得太远。成为少年作家的妄念打消了，我的愿望变成了写出和我心中的偶像相提并论的作品。

这些是我文学上“遥远的光”。为了贴近心中的光，我从中学到大学一直尝试，一直笨拙而艰苦地尝试。不断去读文学作品，不断尝试新的写作手法。

大四开始写小说之后，最先写下的科幻小说就是《祖母家的夏天》和《看不见的星球》——向博尔赫斯和卡尔维诺致敬。

因为心中有光存在，所以从来没有觉得自己成功。即使高考作文写得还不错，即使出了书，即使得了雨果奖，在心里我仍然觉得自己和那遥远的光差得太远太远。至今我仍活在时时出现的气馁中，又在气馁中继续鼓起勇气前进。

02

也有人问我：你这么喜欢文学，高三时又得了新概念作文大赛一等奖，为什么不读中文系？

一方面原因是，我没觉得新概念作文大赛获奖就能证明自己有文学才能，另一方面原因是，当时还有另一个更远、更强烈的光在吸引我。

这要追溯到小学三年级。当时我爱上了看《少年科学画报》，被里面富有趣味的机器人漫画迷住了。后来读《十万个为什么》，天文卷里说，宇宙里有一种奇特的星星：“中子星上面每一立方厘米的物质，都需要一万艘万吨巨轮才能推动。”我当时惊呆了。后来不止一次跟人提起过这些事，每个人一生中可能都会有一些晕眩时刻，这些就是让我目瞪口呆的晕眩时刻。

从九岁开始，我就想学天文学。中间虽有过反复、摇摆，但是最终我第一志愿填了物理系。

高三的时候，我偶然看到一些有关量子力学的科普作品，被深深吸引住了。后来，顺着这条线，我读了玻尔、海森堡和薛定谔的著作。

在这个时候，我正式找到了人生最大的偶像：薛定谔。读到他的一篇有关宇宙与人的意识的文章，我一下子有了开窍的感觉。

在那之后，我热烈地爱上了科学哲学，又找了薛定谔、笛卡儿、莱布尼茨和牛顿的一些文章。我后来了解到，薛定谔三十几岁发表了著名的薛定谔方程，他写的《生命是什么？——活细胞的物理学观》直接影响到克里克发现脱氧核糖核酸（DNA）的双螺旋结构。他对古典哲学和古印度哲学有深入研究。他懂六国语言，曾经把《荷马史诗》从古希腊文翻译成德文，他业余时间喜欢写诗，喜欢雕塑，喜欢和朋友一起散步，讨论生命哲学。他低调、内敛、思辨能力强，对经历的“二战”磨难讲得云淡风轻。

他就是我最想成为的那类人：洞悉世界，洗尽铅华。

大学时最大的失落就是发现我自己的思考能力和成就，恐怕永远也赶不上偶像的。我对物理实验的分析局限于表面，没办法更进一步。我的数学能力也很有限，有时候，完全不知道怎么用数学语言去表达。这时才知道偶像轻描淡写的方程有多不容易。

有人问我，大学时的失落和焦虑是不是因为在班里排名不好。这只是很少很少很少的一部分原因。我心里巨大的忧伤，是发现自己一辈子也达不到偶像的那种思维境界了。

03

我的成长就是这样，与不断的忧伤相伴。永远觉得自己还不够好，离心中的光很遥远，只能做到自己期望的一小部分。如果目标是 100 分，那么我的人生成就，无论是考上清华、出书，还是获得雨果奖，这些全部加起来也到不了 10 分。

我的努力是因为心中有光，忧伤也是因为心中的光。我从来没觉得自己就是“别人家的孩子”，因为我心中也有“别人家的孩子”，他们是真正值得追寻的光。

在这样反复失落和忧伤的过程中，我有了意想不到的收获。

如果你给自己设定的目标是 100 分，最后哪怕只做到 10 分，内心虽然会感到失落，但也会惊讶地发现，自己很拿不出手的成绩已经比周围人的高一些了。对周围人来说，做到 10 分已然不错。

我心中对高考的感觉就是这样。我知道自己需要通过高考，但从来没有把高考当作目标。高考只是我摘星之梦的一小步，距离洞悉宇宙的秘密还有十万八千里。我渴望找到宇宙的宝藏，因此必须学一些基本技能。虽然最后的结果显示，我可能永远也找不到宇宙的秘密了，但由此积累的技能，应付高考还是绰绰有余。

这是我近期才想明白的事：把梦做大一点没坏处，梦做大了，现实中的挑战都是小事。即使充满失落和忧伤，在别人看来也已经挺成功了。

如果希望我给未来的孩子们提一些建议，那可能只有这一点：把梦做大一点，看得远一点，即使做不到也没关系。即使到不了宇宙尽头，也强于只看到水塘尽头。

现在回想起来，所有的忧伤都是值得的。忧伤是因为有追求。

04

那我是如何生成这种自我推动的梦想呢？

“我也没怎么特别培养，平时都不管她，她都是自己学的。”我母亲总是这样说。

我母亲说的话不是假话，我父母确实从小不怎么管我，基本上任由我自己长大。

从小到大，父母没有检查过我写的作业，也不会催我写作业。我放学后先在楼底下跟小朋友玩，然后写作业，写完后看动画片和电视剧到晚上十点多。不会做的题也不会问父母，都是在学校自己想办法解决的。父母也不曾给我报过培训班。高考报考专业时父母也没有任何干预。

但我的父母是完全放养，毫不过问我的成长吗？或者说，放养就是我父母对我的养育方式吗？

并不是的。父母不管我，但他们助推了我的成长。2017 年的诺贝尔经济学奖获得者泰勒有一本书叫《助推》，说的就是用一些无形的方式引导，让人不知不觉中行为发生改变。家庭教育的最高境界就是让孩子觉得：这一切都是我自己做到的。

父母对我最重要的助推是什么呢？回想我的成长经历，对文学、物理的追求都是因为阅读。父母最重要的助推就是带我阅读。

从我一两岁的时候，母亲就每天给我读故事书。三岁开始，母亲开始一边给我读故事书一边教我识字，到了四五岁的时候，就让我自己试着读。这样不知不觉间，到了小学一年级，我已经可以独立阅读纯文字的故事书了。

在阅读方面，母亲并没有强求结果。她知道，兴趣才是最重要的。我在小学一二年级读的都是童话，读完了《格林童话》，读《红色童话》，还有《一千零一夜》。

三年级之后，母亲在预算很有限的情况下仍然常给我买书和杂志，例如《少年科学画报》，还有一套连环画版的《中国通史》和《红楼梦》。

到了四年级我们跟随父亲去英国访学，母亲带我去玩的第一个地方就是图书馆，在那里，母亲给我推荐了《简·爱》。从这一本书开始，我像发现新大陆一样发现了宝库：青少年版的世界名著，比原著容易读一些。《双城记》《蝴蝶梦》都是我那时候的最爱。我还看完了馆藏的所有阿加莎·克里斯蒂的侦探小说。

我因为书而树立梦想，从书中学习，以读书来自我提升。这个世界上，只要一个孩子掉进了书的海洋，基本上不用担心他走不好这一辈子。因为这个世界的智慧，大都是用书来传承的。

05

父母的助推，还体现在并不限制我的兴趣，让我广泛接触，自我选择。

我博士阶段为什么又转到经济学,追溯源头,要追到小学五年级。我从小喜欢画画，五年级发现了日本漫画，开始临摹。先是《凡尔赛玫瑰》，让我了解到玛丽·安托瓦内特，联系到《双城记》，我对法国大革命充满好奇。然后我读到最喜欢的《花冠安琪儿》，随着冒险的女孩，一路遇到博学风趣的达·芬奇、年轻浪漫的拉斐尔，还有教皇和私生子、骑士和艺术家。

我感谢父母从来没有禁止我看漫画。通过漫画，我爱上了历史。中学时最喜欢的就是阅读有关法国大革命和文艺复兴方面的书。因为这方面的阅读，我对李约瑟难题：为何科学革命没有发生在中国，有了更深刻的认知。

在大学之后，我开始阅读阿克顿的《法国大革命讲稿》、波兰尼的《大转型》、以赛亚·伯林的《浪漫主义的根源》和《启蒙的时代》，开始思索人类历史上“现代化”的大转折，后来越来越发觉经济历史研究对我有着强烈的吸引力。再后来，我就选择了转读经济学博士。

正是父母的允许，让我得以探索更广阔的世界。

在我的心目中，阅读类型并没有高下，只要会读书、读好书，就能从一切阅读中获得知识的给养。

广泛阅读各种类型的书籍，各个类型的书之间往往能产生奇妙的碰撞，这样就会形成跨学科思维。

跨学科思维，总在我意料之外给我帮助。

高三在去参加新概念作文大赛的火车上，我痴迷于海德格尔的《人，诗意地栖居》，结果现场看到电脑屏幕保护程序的题目时，就写了有关人的自我身份、对存在的认知、宇宙不确定性的文章，后来获奖。

在读博士期间，我去参加国际货币基金组织（IMF）北京办事处的面试，以物理引力场的概念阐述我对国际贸易的想法，也当场获得了专家认可。我写作《北京折叠》的最初灵感，是在国家大剧院听《布兰诗歌》音乐会时，眼前浮现的北京上空辽阔的灰色画面所触发的。其实所谓灵感，并不神秘，只是吸收的信息在头脑中相遇产生的火花而已。

06

回想这么多，我最想说的就是阅读的意义。

我的每一次选择、每一次求知，都是因为阅读。我因为阅读爱上知识，再进入学校学习，这是我学习主要的动力来源。

在阅读的世界里，我能见到千奇百怪的人生，知道许许多多不同类型的人，以及他们内心追求的是什么价值。我读到什么是尴尬，什么是冲突，什么是怆痛。这让我明白什么是好的文学作品，也让我在与人打交道的时候，更容易建立心的沟通。

在阅读的世界里，我能见到这个世界上真正杰出的人、了不起的思想、伟大的作品都是什么样。因为有这些参照，自己永远有追求的目标。这些目标让我谦卑，不会因为现实中的一点点成绩而自喜，因为那些真正杰出的灵魂，是绝不屑于为这点成绩而自得的。

07

我现在有了女儿，也开始像母亲曾经给我读书那样，给她读书。

我给她看各种类型的书，有趣味图片书，有纯粹的童话，有情感哲思书，也有很多科普知识书。我选书的品质，但并不限定书的类型。最终她会在各种书中挑出她最爱的，反复阅读，反复探索。故事是所有孩子天性中的挚爱，也有助于孩子的思维启蒙。

我女儿听故事的时候，会不知不觉记住其中的词汇和表达。她很喜欢《木偶奇遇记》，有时候突然蹦出来一句“我是在自欺欺人”，让我吓一跳，但仔细回想，其实是书中的话。她也会记得很多故事里的知识，例如地球内部主要由地壳、地幔和地核三个圈层组成。

这样的积累是无形的学习。我喜欢在讲故事的时候和女儿对话：“你觉得他为什么这么做啊？你觉得他现在心里是怎么想的？如果你是他会怎么做？”我也喜欢在讲故事的时候闲聊知识：“你知道他们在海上航行喝的水从哪儿来吗？你知道恐龙后来都去哪儿了吗？”女儿喜欢听，甚至主动要求我讲。

这是文学和科学的双重启蒙。

回想我阅读的三个阶段，或者说，母亲对我启蒙的三个阶段：

带我读书——通过每天温馨的夜读，让故事从耳朵进入我心里，让我爱上故事；

让我寻找阅读的乐趣——在我的童年，让我自主阅读喜欢的书，通过兴趣爱上阅读；

带我接触更好的书籍——到我已经把读书当成习惯的时候，帮我找到文学经典。

我的所有梦想与失落、忧伤与坚强，都源于阅读。阅读让我有骄傲的梦想，也让我有谦卑的自知，让我知道，自己没有做到的，永远比做到的多得多。

08

想到这些，我想把我的经验分享给更多的父母和孩子。

如果我们希望孩子始终保有对未来的期望和人生理想，那么最好的办法绝不是拿孩子去跟“别人家的孩子”进行比较，而是带他走入一片更广阔的宇宙空间。

与“别人家的孩子”比较，只会让孩子眼光狭窄、目标局限、自信心缺失，若有成绩也容易眼高于顶。而让他进入更广阔的宇宙，他则会知道这个世界上真正的智慧在哪里，世界的深邃和美在哪里。

能感受到世界的大、智慧的高，才有无限自我提升的勇气。

我希望能让更多孩子了解文学、科学、历史文明。我想带着孩子们一起读故事，就像我小时候爱上故事那样，以故事为起点，通过故事，进入更广阔的知识海洋。我希望成为一座桥梁，搭在孩子懵懂的童年和自主的少年之间，让他们不知不觉熟悉世界之大，世界之美，世界之奇妙，由此生成内心之光，再用内心之光照亮自己的人生之路。如果我能为这个世界做一点点小事，也就是带孩子看世界这件小事了。

目 录

那些我们都曾面对的难题，让我们和孩子更亲密

无论你是职场妈妈，还是全职妈妈，孩子带来的挑战，都是相同的。生活中我们和孩子会面临一些困境时刻。当孩子面对困境，很容易爆发出糟糕的情绪，进而把我们拖入困境，不知道如何处理。孩子在困境中举止会失常，时常显得格外顽劣，引起我们的愤怒。所有的困境时刻，其实也是亲子关系的关键时刻。困境就意味着有某些问题需要解决，如果无视这些问题，就会导致亲子关系疏远；如果积极解决这些问题，就会让我们和孩子的关系更加紧密。

第一章
掌握时代趋势

未来需要什么样的人，今天就要做什么样的准备

父母的终极目标，是把孩子送进名校，然后就大功告成了吗？当然不是。我们还期待孩子能够在走出校门之后，找到满意的工作，拥有幸福的人生，在漫长的人生旅途中保持源源不断的动力。社会高速发展，今天培养的孩子，在二十年之后才会成为建设社会的主力军。所以，清楚二十年之后世界的模样、职场的变化，并提前做出应对，这是家长为孩子做出的最重要的选择。

01. 世界的未来：知识经济成为主流，人人都要具备一点创意能力和探究思维

无论多么不关心时事的人，也都知道，我们现在生活在一个关键的历史节点上。我们的未来会好吗？哪里才是发展的下一站？作为个体，我们又该如何选择？

几点建议

未来的时代是什么样的时代？我觉得从大方向上看，未来是知识创意型经济的时代。只有掌握稀缺的知识创造和运用能力，才能在竞争中获得更大的优势。

在这样的时代，对于我们每个个体，我有以下几条建议。

第一条建议，就是内心笃定一点。

眼光放长远，看清楚大方向，这样就可以不用跟着不明所以的风口跑来跑去，也不需要太过焦虑和迷茫。其实趋势不会年年变的，年年变的不是趋势，是波动。在选择人生前行的方向时，主要看趋势，

不要太盯着波动，也不需要人云亦云。

第二条建议，就是理解人的基本需求。

影响时代的重大发明，从本质上，都是用新的发明去满足人的某种基本心理需求。如果不符合人的基本心理需求，哪怕是很好的新模式，也难以长久。

第三条建议，就是持续投资于知识技能的提升。

在经济向知识和创意产业转型的过程中，对于高技能人才、高创意人才有大量的需求，这是个体获取成就的机会，也是个体差距被拉大的节点。

第四条建议，让孩子接受能发掘其探索精神、发挥其创意的教育。

我们的孩子长大后，他们面对的就业环境可能是，有 1/3 的职业是与知识生产和创意有关的。若只会机械记忆，不懂如何发现和发挥创意，孩子就很可能会迷茫无措，在社会上找不到自己的位置。

第五条建议，就是不要鄙薄孩子的任何发展选择。

在一个多元化、多样化的未来职业环境中，任何一个方向的个性化发展都有可能成功，最怕的就是毫无个性的平庸。孩子如果喜欢娱乐行业，也有娱乐创意，那不是缺点，而是天赋。

第六条建议，就是重视理解事物的本质。

任何一件事，都仔细想一想它的本质是什么，向更基础的原理挖掘，从最基础的原理出发思考和解决问题。这样的深入探究是一种习惯，父母本身有这种习惯，孩子才会养成这种思考习惯。而探究本质上是重大发明共有的基础。

最重要的一点是：要有信念，相信自己能做到，相信这个时代能做到。没有这种基本的信念，就难免会怀疑和随波逐流，这样就只能停留在一波波海浪中，很难持续投入。而没有持续投入，就没有引领时代的可能。

最重要的核心要素

如果未来是知识经济时代，是研发和创意成为主流的时代，那该如何研发和产生创意？该如何让孩子学会研发和产生创意？

由于篇幅所限，这里就简单以电话的诞生为例。

电话的发明过程大致是这样的。

首先是想要满足人的一种基本需求——沟通需求。发明家从问题出发，想要寻找方法，解决远距离沟通这个真实需求。

其次是深刻理解物质本质和原理。十九世纪已经探知声音的本质是振动，知道声音振动和电流都是某种能量运动形式，也知道各种能量形式之间可以转换。因此，发明家从一开始就在明确寻找声音振动转变为电流的方式，也就是探究能量形式的转化与传播。

最终，在千百次转化实验失败之后，终于测试成功。

这个过程中，最核心的是什么呢？最核心的是，从明确的问题出发，寻找根本的解决方案。理解和探究事物本质，知道问题的关键难点在于将声音振动向电流的转化，而知道这一点，就可以不断进行测试，迎接成功的偶然眷顾了。成功的偶然降临从来不是抽大奖，而只是轻轻吻一下那个一直在等它的人。

解决问题思维和探究本质思维，就是知识经济时代最重要的核心素养了。

给孩子怎样的教育

这种情况下，给孩子怎样的教育，才是对未来最好的准备呢？

通识教育，是我认为当前这个时代最需要的教育。

通识教育，是让一个人理解整个人类文明的教育。

通识教育有两层含义：一是让人发展自由心灵，探索真理与生命的意义；另一层是让人理解经典，从历史整体的角度，了解人类文明何以发展至今日。

通识教育以扩大心灵的广度与自由度为目标，它让一个人站在世界和历史时空的高度，看待自身与世界的关系。

通识教育是今天这个时代，我们的孩子最需要的一种教育。在下一个时代，如果没有全球视野和高度，一个人很难找到自己面对世界的态度，只能被动地被风波席卷。

《哈佛通识教育红皮书》发表至今数十年，已经成为国际教育界经典，世界各国著名高校均已建立通识教育体系，无论是美国常青藤高校，还是国内清北复旦等重点高校。清华甚至成立了专门的新雅书院，对本科生开展通识教育。

通识教育让学生在多个门类选修课程，有科学、人文、艺术等，开展跨学科、跨文化对话，对比不同历史文化的发展路径，试图从中寻找更高层次的真理的轨迹。

我觉得，通识教育不仅对名校大学生的心灵成长有助益，它的思想和理念，对于所有孩子都有益处。通识教育让孩子学习自由探索真理的方法，也让孩子学会理解多种文明，从而让孩子找到自己的责任与发展方向。

今天，让孩子只关注解题技巧，不把眼光扩大到世界范围，对于他们应对下一个时代的纷繁复杂，是远远不够的。孩子需要将世界放入心中，将人类文明历史放入心中。

通识教育给孩子知识层面的框架搭建，能够让孩子将中西方文明置于统一框架下，理解科学与人文的相互交织，从而对未来产生全景展望。

通识教育用最广阔的视野，融合各学科知识，开展思考与创造力实践。希望孩子从幼年开始，就保有探索精神，并将与生俱来的好奇与探索精神，转化为逐步深入的思维方法，成为具有深入思考能力和创造力的独立个体，在下一个时代找到自己的路。

通识教育，是我们这个时代孩子最需要的一种教育方式。

02. 职场的未来：差异比拼时代来临，最稀缺的职业能力是打通创意和需求

我很少写职场话题。最近因为遇到人才紧缺问题，颇有感慨，略说几句。

最近我在做一些新的项目，需要不断找新的团队成员。招聘带给我最大的感受是：实在是很不容易招到全能的创意型人才。

我们需要寻找概念美术团队，市面上能做概念美术设计的团队既少，价格又非常昂贵。我们向一个知名公司询价，一个项目的设计费用要三四十万。普通一点的插画师设计一幅画面要2000 ~ 10000元。人才招募也非常困难，曾有两位做过游戏设计的策划师和插画师，我们想招至麾下，但被拒绝了。他们在没签公司的状态下，接项目就接到手软，自己在家能同时接三四个公司的项目，自由且收入丰厚。

而与之形成鲜明对比的是，如果本身不能做这种概念设计，而只是接平面插图的工作，那可能就是一张图100 ~ 200元。这样的插画师也并不难找。

除了概念美术设计，能做好项目的策划和落地，也是一种稀缺的能力。

前一段时间我们规划了几个可做的项目，但到执行阶段，常常有推动不下去的困难。

问题出在哪儿呢？问题出在，项目发起人和策划人往往从市场需求和产品目标的角度出发，但是不知道如何生成符合目标的内容。内容生产者，往往自己有能力创作，但是不愿意花心思做整体的项目策划。也就是说，产品经理和内容创作者之间的断裂脱节，是很多项目受阻的原因。

这个问题看上去只是团队工作方法的问题，但实际上背后反映出更深层次的人的能力集的问题，再深一点反映出我们社会基本运行逻辑的问题。

下面我就来分析一下创意产品时代的能力集和社会基本运行逻辑。

创意产品时代

当今这个时代，已经进入了创意产品时代，未来这个趋势一定会越来越明显。到时候，大多数行业的大多数产品，都需要加入创意产品行列。

什么是创意产品呢？很多人对这个词有误解，以为只有小说、电影才叫创意产品，但其实完全不是这样。创意产品的定义，就是在整个产品的策划、设计、开发、推广等阶段，有整体的创新设计。

喜茶就是一个创意产品，从茶饮的研发，到饥饿营销的推广方式，都是创意产品。乐纯酸奶、故宫文创、网红餐厅，都是这个时代的创意产品。在一个连果农都能靠短视频和直播来卖水果的时代，任何传统的生产制造企业都会面临很大的挤压。

未来会如何呢？或早或晚，创新产品设计和开发会蔓延到每一个行业，即使是 to B 业务（面向企业级客户的一种业务行为）也需要突破性的创新产品，才能获得生存与发展空间。

说到底，未来各个行业和领域都会跨过基本供给线，进入差异比拼时代。就像吃饱已经不成问题，粮食供应不是第一诉求，餐厅的口味和环境成为比拼的核心，影视作品和知识产品的基本供应达到饱和之后，差异化和品质就是比拼的重点。未来不再是任何地方开了农家乐和古镇，就有游客前来，只打出“城市人对乡村的诉求”，是吸引不到任何城市人的，如果没有独特气质和独具创意的产品，是很难在市场上有所突破的。

然而，创意产品并不容易生产。

如果把自己做的每一个项目、每一本书、每一个知识产品、每一个实体产品、每一幅画、每一个视频、每一个线下活动、每一处场景搭建、每一条产业链，都当作创意产品来生产、推广和销售，那就会发现，这个市场上优秀的创意产品人才是稀缺的。

什么是创意产品人才呢？就是能从创意连接到产品的人。

这个定义看起来好像是无意义的重复，但其实这里面有两个非常深刻的点，一个是创意源头，一个是洞悉需求。而连接这两个点的就是一个叫作开发或者设计的过程。一般人只能守住这两点的其中一点，因此项目常常受阻。

创意源头的核心是独特性，洞悉需求的核心是连接感。能将独特性转化为产品，满足用户需求，就是这个时代职场最稀缺的能力。

很多人没有由内而外的创意，只能随处“搬运”，于是设计的产品就没有独特性。另一些人缺少对用户和市场需求的洞察，因此无法把产品创意化，大多时候是自己被自己感动。

全能型人才真是凤毛麟角。

新时代能力集

如果按照上面的分析，我们正处于创意产品时代，那什么样的能力是核心素养呢？

我先从故事创作谈起。一个故事，无论是小说还是影视作品，总需要有一个核心，就是这个故事最想表达的那一点。例如“一个人如果和自己的仇人一同困在绝境会怎样”，或者“寂寞的感觉就像永远填不满的一个洞”，或者“孩子和父母的关系应该对调过来”等，这个核心点是故事的出发点，一般是最能戳中读者内心的一点，或者是作者最迫切觉得需要呈现的一点。

核心点是一个故事原创、独特的终极来源，也是一个作品气质的定位。故事的气质应该密切围绕核心点打造。同样是灾难故事，呈现时是史诗、荒诞、黑色幽默，还是英雄大片，跟故事的背景关系不大，跟核心点的选择密切相关。

如果一个故事呈现方式与其核心点密切匹配，那就是好的作品。

核心点是故事的起点，但核心点本身，并不足以打动人。从一个点子出发，要经过漫长的发展和构造，设想无数种可能性，并围绕核心点以各种各样的人物、情节和背景设定来构造故事。不断自我质疑、自我推翻、自我肯定、自我追问，直到把核心点挖得足够深，表现形式想得足够创新，呈现效果设计得足够击中人心，才算是开发出一点样子。这个过程要始终带入读者或观众的视角，感受他们的体验。

所以我常说，灵感到处都有，难的是后面长时间的打磨开发。

故事创作的过程其实跟开发创意产品的过程很相似。我大概总结了生产出优秀创意产品所具备的一些能力。

1）敏感的自我认知和创意

这个时代，富有脑洞是最难得的，新奇的想法是脱颖而出的原动力，脑洞往往来自敏感。

2）敏感的他人感知和共情

能感知到其他人的想法、诉求、苦恼和喜好，并且知道如何满足他人的需求，这种能力来自共情。

3）顶层设计能力和探索精神

具备顶层设计能力，从多重角度进行逻辑推理及思考，保持开放的心态，乐于接受一切可能的方案，敢于探索和尝试从未有人做过的事，并且能试错调整。

4）对质感的强烈敏感

对质感的敏感几乎是成败的关键，一部作品、一个产品一开始的气质就决定了吸引到的受众。

5）至少一个维度的技能累积

某一方面的技能仍然是必须的，无论是写作还是绘画，视频拍摄技术还是编程技术，专业性和综合素养要相辅相成。

总结起来就是这样几点：自知、共情、规划、审美、专业技能。这五点几乎是决定产品成败的关键。其他很多工作都是这五点的延伸，例如对市场动向的把握，实际上是共情的延伸，要对市场人群的心理变化非常敏感，感知他人情绪，寻找市场机会；例如对广告方案的策划，其实是品位的延伸，只有对产品质感有极为严苛的把握，才会对营销推广的方式，有恰如其分的计划。当然专业技能也是必需的，空谈的策划型人才我也见过不少，如果自己不懂相关的技能，就难以指挥调动其他人完成项目。

其实画成图，就是下图这样：从自己到他人，建立桥梁，这座桥就是创意产品。

这个过程说起来似乎容易，但实际做起来会遇到很多困难。

很多人并不知道产品从无到有的过程是如何建立的，于是我们看到市面上大量跟风的网红产品，但同质化充斥，最终多数人会败下阵来。

社会运行基本逻辑

人类自从进入工业时代，就进入了彻底的商品化时代。古代的商品化只局限在相当小部分的商品品类，城市市集交换一些远距离贸易带来的珍品。工业化之后，食品、日用百货、交通和居住都商品化了，紧接着是服务商品化，社会大分工上升到新的水平，如今我们也到了买菜、做家务都要算价格的阶段。

商业社会如果不加限制，总是会自动蔓延，不断寻找新的领地。商业社会的本质是匹配供给和需求，那么只要有人对虚拟产品有需求（创意类产品、知识类产品、思想类产品），就会有人想方设法地不断提供。

从实体事物的商品化，到劳动服务的商品化，再到思想创意的商品化，这才是真正达到商业社会的最深阶段。从某种程度上讲，这就是人格的商品化。你在互联网上有你的人设，你的商业变现价值，要看你在多大程度上能卖出你的人格产品。到真正商品化渗入骨髓的那一天，很少有人能区分开作为商品的自我和真实的自我。而商业社会的属性决定了它的扩张不到那一天是不会停下的。

我是什么时候注意到这个问题的呢？是 2007 年，我读研究生一年级的时候。当时我以这个主题为核心，写了我的第一部长篇小说《流浪苍穹》，小说中就讨论了一个商业社会，以全面的知识、思想、创意、人格的商品化为主要特征，人的精神世界不可避免地被标价，没有人再在意历史价值和美学价值，市场价值成为精神产物的全部。当时我写了三十万字来探讨这样一个问题：人的精神产物是可以用市场价值衡量的吗?

从那个时候开始，我就一直在迎候这样一个时代的到来。

2016 年，我获得了雨果奖，此后因缘际会，有很多人来找过我，都说要帮我打造个人 IP。其中有人说自己手里有无数资源，有人想成为我的经纪人，有人给我打造了一套网红方案，有人说要以我的名字开培训班、办比赛。所有这些，都被我拒绝了。对我而言，目睹这一切，唯一的感叹是自己作品里预见的那个时代真的来了。

思想商品化和人格商品化可能会带来很多不良后果，例如浅薄化和短视。但是当时代浪潮无可逆转，除了迎着水流的方向去走，人是没有选择的。

越是看到浪花的短暂，一个有远见的人就越应该思考，如何在这样一个浮云时代，做出一些真正杰出的、深刻的创意产品。一个人改变不了时代，但可以做出不同寻常的作品。

发明、创造力与未来

那如何在一个彻底商品化的时代做出杰出作品呢?

实际上，科技领域已经在“科学 - 市场”的纷争中摇摆前行了两百年，正如其他创意领域目前遇到的“创意 - 市场”纷争。此处推荐一本好书：《发明与发现的循环》（*Cycles of Invention and Discovery*），讲的是科学发现和科技发明之间的互动与循环。

对于科技创新，有人强调科学源头探索的重要，有人强调满足市场需求的重要，双方都有道理，双方也都有证据。可事实上，二者缺一不可。

强大的科技发明总是诞生在某些非常微妙的场合中。19 世纪的英国科学家和工程师密切合作的工作坊，20 世纪造就大半个半导体产业的贝尔实验室，在这些地方，科学发现和工程发明总是有着强烈的震荡激发，相互促进。在贝尔实验室，从 20 世纪 50 年代晶体管（直接引向现代计算机芯片）的发明和 60 年代激光器的发明，再到 80 年代光纤（互联网的基础）的发明、90 年代量子霍尔效应的重大发现，可以说，整个现代计算机和互联网产业都奠基于这样的环境中。

在这里，最重要的仍然是那道桥梁，努力在创意源头和市场需求之间建立桥梁。从这个角度，科技发明和产品创意的根本原理是一致的。贝尔实验室就有创新文化，一方面有非常自由的环境，尊重每一个科学家自由探索的精神，另一方面进行有关市场需求的大量沟通，不断激发科学家的发明灵感。

当大量高校沉浸在创意源头，拒绝与市场连接；当多数公司求取短时期产品开发，拒绝花时间研究创意源头，源头与终端之间的桥梁就断掉了。只有极少数的公司和个体能够“造桥”，因而有划时代意义的重大发明总是不容易出现。

教育的方向与意义

当我闭上眼睛想，我想要什么样的创意美术总监呢？我觉得他首先应当具备广泛的知识背景，理解抽象概念，当我们提出一些知识或理念上的需求时，他能充分理解，并努力转化为视觉化表达；他应该有丰富的想象力，当我们希望设计与众不同时，他能想出与市面上常见形象都不同的创意；他应该具备与多个资源对接的能力，当我们考虑多种呈现渠道时，他能统筹考虑项目总体效果。最后他的专业能力和审美能力要非常强。

如果有这样综合素质的人才，我愿意付出我能给的最高报酬来招揽。如果一个人能做项目的总策划人、总负责人，打通内容生产与市场的连接，那么他的薪资常常能达到一般执行员工的十倍多。这个差距，给的就是综合素质。

前面我所说的“创意产品能力”：自知、共情、规划、审美、专业技能，以及统领全部才能的探索精神，我们该如何去培养呢？

在我看来，答案其实不难得出：需要在一个又一个的创意项目中进行实践。

我们今天招聘人才的时候，学校和专业背景只是一部分的参考，最重要的依据就是一个人做过的项目的经验。学校专业很难专门教给学生综合素养。所有这些综合能力都需要在一个又一个的项目实践中获得锻炼。只有不断地在创意产品项目中实践，一个人才能获得创意产品能力。

孩子也能从小得到创意项目能力的培养吗？

假如想要培养孩子的创意项目能力，可以让孩子通过创意项目的实践，发挥自己的创意，学习专业技能，把创意转化为作品。在每一个这样的实践中，鼓励孩子向前一步，探索表达和设计的思路，完完整整创作出自己的作品。

这样的创意项目实践，是未来进行创新项目的奠基石。

在这个过程中，孩子会得到自我表达的鼓励，有更为敏锐的自我察觉，同时也能保留他们内心丰富的创意。孩子同样会学到项目策划的一系列方法，这些具体的专业技能，既是帮孩子打开未来更多元的可能性，更是让孩子对创意项目有总体认知，项目过程中的团队合作也是对领导力的重要锻炼。

我相信，所有这些通过参与创意项目所锻炼的能力，是未来职场上最为稀缺宝贵的能力。

03. 教育的目标：深度理解学习不是为了应付考试，而是为了更好地应对人生

有人会问：中国教育系统是不是很糟糕？你会让孩子从小出国读书吗？

首先，我并不认为中国的教育系统是糟糕的或者失败的。

从内容设置上讲，中小学的系统性学科设置还是很严谨，打下的基础也扎实，让学生有比较好的基础进入高等教育。重视语数外也是合情合理的，北大哲学系的一位教授在课上说："阅读能力和逻辑能力就是人一生最重要的能力，高考看重语文数学完全没毛病。"

从形式上讲，高考制度也算是公平合理，能让有能力的学生凭能力脱颖而出。

其次，我也观察到中国的教育体系一直在革新。减轻学生负担、调整选课制度、扩大自主招生，教育部门也一直在出台新政策。

但是，我心里也非常清楚，中国教育系统仍然有需要改进的问题。但这个问题并不是一眼就能识别出来，它更难量化，在我看来，它

的影响可能更大一点，甚至影响到学生和整个国家未来的发展。而且这个问题也是令我自己深有触动，成为我想要投身教育领域的重要理由。

那么我心中的中国教育系统最需要优化的，究竟是哪一点呢？

一个视角：来自以色列的对比分析

一年前，我和一位来自以色列的年轻创业家聊教育，他谈到的很多事情，给了我很多启发。

首先他讲到犹太民族的家庭教育。他说犹太民族重视阅读经典、提问和辩论，小孩子从很小的时候就开始练习相互辩论，师长会提出一个问题，然后问“谁同意这个观点，谁反对这个观点”，持同意观点的孩子要说出同意的观点，持反对观点的孩子要进行反驳，然后支持一方再对反驳的内容一一给出回复。这样的辩论能很好地锻炼孩子分析问题的能力和逻辑思维能力。

接下来他讲了他对中国和以色列教育系统的观察。他说，以色列的教育非常自由，只上半天课，剩下半天就自由活动，而且非常支持孩子的兴趣，压力也不大。这样的环境非常适合天生的优势儿童，因为这些孩子的学习是自我驱动，他们总是自己去寻找想学的新东西，充满新的想法，需要属于自己的空间去实现这些想法。

因此以色列经常能出各个领域中的杰出人物。以他个人为例，他 9 岁起开始自学编程，父母一点都不懂，他完全是自己从网上寻找资料学习的，后来二十几岁就成功创业了。

但是，他说以色列的这种教育方式，大多靠个人推动，很多资质不高的孩子就会变得非常平庸，因此平均来看，教育成果并不高。这一点和中国教育系统不同：中国的教育系统很少给出众的孩子额外的自由度，但是能保证绝大多数学生达到一定标准。

因此，在他看来，中国教育的集体性应该和以色列教育的个体性互补。

他的这番话给我很多触动，其中也有不少共鸣的地方。中国的教育系统均值比较高，最终学生的差异不大。以色列的教育，学生差异比较大，靠学生自身的天赋和兴趣，对于有自我推动力的学生来说，学习没有上限。

一个对比：来自美国的小学教育

最近和一位在美访问学者交流，她的女儿 12 岁，在美国小学读了一年多，目前在上六年级。她对比中国和美国的小学教育，发出感慨：美国的小学学了这么多真正有用的东西啊。

她指的是什么呢？我详细询问了一下。原来她女儿上的小学有四大主科，分别是：数学、语文（即英文）、科学和社会科学。

其中科学按照主题探究世界，她女儿学习“水”已经快一年了，从生活用水，到整个世界的水循环，还有与食物、工程有关的各种水，她女儿小学就已经知道了不少化学概念。

社会科学学什么呢？他们用一年的时间“绕世界一圈”。学习世界各大洲及各国文明，前段时间了解了中国古代的各个王朝和皇帝，还有风俗和科技，现在要开始学习非洲了，从气候、地理到各国文化。他们还要写自己对不同文化的观点。

为什么她认为这些知识是真正有用的呢？因为她觉得这些知识和周围的真实世界相关，而且教会孩子思考问题的能力。

这让我想起我在英国读书的那一年。

我 9 岁时跟随父母到英国待了一年，在当地读书。我读的是一所普通的公立小学，但就是这个公立小学，让我在大半年的时间里，学习了古埃及文明、古希腊文明、人体百科和鸟类百科。在每一个主题下，我们会阅读、绘画、做习题、做设计、写文章。学期末没有考试，而是每人都会做一大厚本“成果”，包含自己在每一个主题下做出的所有内容。

所有这些学习，了解水的知识、鸟类知识、希腊知识，对于参加竞赛没什么太大的帮助，那么他们为什么花这么多时间学呢？这些知识到底是有用还是没用呢？

有很多知识对于实际生活用处极大。

我们在学校学习的知识，有的距离实际生活很远，以至于学生常有“为什么学”的困惑。化学课上学了很多化学公式，学了配比化学方程，但是这与生活有什么关系？不知道。于是不知道为什么要学。

然而另一种学法是反过来，先理解真实世界是如何运作的，有什么现象、规律和问题，然后思考解决方法的时候，遇到了化学公式。这个时候的化学公式是直接解决实际生活的问题的。

小学学科学有什么用？可以从小建立未来科学家、工程师、创业企业家的思维方式，从小学会从周围的世界中发现问题、解决问题。

从小学习各国文化有什么用？不是为了升学，而是从小建立社会学者、政治家、媒体和文化人的思维方式，从小学会理解文明的起源，懂得与世界沟通。这些通过学习所建立的视野和思维方法，孩子可以直接带入长大后的工作生活。

我们的教育，强在哪里，需要提高的在哪里？

前面说过的以色列的教育只是犹太人教育的缩影，犹太人至今出过 189 位诺贝尔奖获得者。

为什么犹太人的教育能孕育如此多的大师？依有些人的想法，一切都是财富的结果：犹太人能挣钱，因此犹太人能得大奖。按照这样的思维模式，所有杰出的成就都是金钱的堆积和幕后交易。但如果抱着这样的偏见，而不去诚恳学习其他民族的思想精华，那么思想将永远没有提升。

除了学校教育，更重要的是犹太民族的家庭教育。犹太人家庭教育有两个特征，是孕育大师的源泉。

其一是极为重视经典阅读，而阅读是最重要的智慧来源。没有任何一种形式能像文字这样传递思想。

其二是重视提问和思考。从孩子小的时候，就鼓励他提问、质疑、探讨、辩论。孩子需要思考和辩论经典中的问题，包括人类、犹太民族的故事，其中隐含大量关于世界起源、世界演化、世界规则的问题。经常探讨这些大问题，让孩子学会去思考对人类有重要意义的科学和哲学。

我们的教育强的是什么呢？是技能训练。

从小学一年级到大学，我们都强调把基础打牢，不用管为什么学习这个知识，把它学好就行。无论是数学物理大量做题，还是语文英语的勤恳背诵，都是把所有精力放在技能提升上。学习的明确目标是提高成绩，提高成绩的目标是考学。

那我们的教育还可以提高的是什么呢？是要明确一个人接受教育，最终的目标是什么？学习想要达到的境界是什么？我们接受教育要解决的问题究竟是什么？

真正的杰出人物是怎样诞生的呢？杰出的人物，国籍、民族、家庭背景都不相同，成长路径也千差万别，但都有一个共同点：解决人类和世界的问题。

解决世界的问题，在我看来是教育唯一真正的目标。

我们为什么要学习？不是因为通过学习才能获得进大公司的能力，而是因为学习才能让我们理解这个世界，解决这个世界的问题，成为更好的人类。

牛顿是如何成为牛顿的？他试图用数学解释整个世界运动的原因。达尔文是如何成为达尔文的？他在纷繁复杂的动植物中找到共通的特征。

埃隆·马斯克是如何成为马斯克的？他不断想探索新的交通方式，解决人类陆地交通、太空交通问题。他们要解决的，是属于全人类的大问题。

解决人类大问题，才能成为影响世界的杰出人物。人类有什么大问题？世界有什么大问题？很多人面对这两个问题是回答不上来的。

伟大的人物，思考的是世界的本质、万物的终极规律、人类文明的由来、历史的原因、科学的方向、技术与社会的关系、人类的相处方式、世间苦难的救赎、更理想的社会变革。

伟大的企业，愿景是为人类开发新的能源方式、创造新的出行方式、建立新的信息交流方式、寻找更好的计算方式、解决人类的食物与安全问题。

在我看来，我们的教育，还需普及的就是这样一种思维宽广，思考深入（Think Big, Think Deep）的思想。

技能训练当然是重要的,若没有过硬的技能,什么境界也达不到。但是只有技能训练，没有思想引导，最终只是盲目奔跑。

我把这种教育叫作一种“有脚无头”的教育，腿脚肌肉锻炼得格外强壮，就是没有方向，一直在等着有个人给自己指点方向。可是究竟想去哪儿呢？说不上来。

与之相对的是另一种极端——“有头无脚”的教育：一些人让孩子退出学校，但是并没有给孩子足够的指导，讲究不学习，不接触知识，自己在世界中悟道，这种状态下人确实可能想一些大问题，但是容易云山雾罩。

理想的教育一定是思想与行动兼具。思想是为人生寻找方向，行动是让自己到达目的地。爱因斯坦的方向是他对光速飞行的思考，他的行动是他在学校学习数学知识，二者缺一不可。

有的父母可能会说，像牛顿或马斯克这样的大人物，是另一个世界的天才，我家的孩子可没这天赋，能够自己养活自己就不错了，想这些大问题有什么用，离我们太远了，而且我们小时候也没学过什么世界的本质、文明的起源、人类的规则，不是也过得挺好的。

父母的眼界是孩子的上限。若父母的眼光已然局限于此，又怎能指望孩子飞到高空？不要让我们的眼界局限孩子的未来。

思维宽广（Think Big）。谷歌内部成立一个X实验室（X-lab），谷歌对其项目的要求之一是，必须能够提出解决影响数百万甚至数十亿人的大问题的方法。不管做什么领域都可以，但前提条件是思考的必须是全人类问题，至少惠及百万人以上。这种思想是伟大成就的前提。

这种思想不仅仅对一小部分资质超群的天才人物有效，事实上，它对于促进所有人的学业事业都有效。你只有有极强烈的问题思维，才能有学习动力；你只有有极广阔的世界眼光，才能建立知识图谱。也许最终解决不了人类的大问题，但一定能提升自己的学习效果。

思考深入（Think Deep）。你所设想的世界，是你最终能到达世界的最远边界。雄心壮志最大的问题就是眼高手低，能力赶不上设想的目标。然而眼高手低也强于眼低手低，若看不到远方，就不可能走到远方。思想的广度和深度是方向盘，手里做的练习是车速，永远让思想为速度导航，而不要让速度茫然乱闯到极限。

我们需要什么样的教育?

我们需要的是对现有扎实基础教育的拓展。我们需要给现有的教育一片更广大的天地，让我们的孩子具备思考大问题的能力，以问题和思考引导未来的技能学习。

我希望通过教育，孩子能够具备：

1）宏观思想

让孩子看得再远一些，想得再大一点，以思想引领行动。希望他们不仅具备优秀的专业技能，更能从宏观大局的角度选择方向，让优秀技能得到思想的指引。

2）国际视野

让孩子理解世界、理解古今，具备思考人类问题的意识，未来做好准备走入国际舞台，让中国思考贡献到整个人类文明，成为人类历史中真正的杰出者。

3）问题思维

让孩子了解真实世界的图景，理解当前社会和未来世界的科技、文明与困境，学会思考问题。通过未来反推现在，通过对真实职业的理解，制订个人成长计划。

4）跨界联系

让孩子能从生活中的具体事物出发，多角度理解事物，具有多方位联结、以小见大的洞察，能将生活具体事物与所学知识联系在一起，解决问题。

总而言之，我希望孩子能够从广阔、真实的世界舞台出发，带着思考走入日常学习。视野会增加孩子的责任感和学习兴趣，让他们真正理解学习的意义，理解学校的学习不只是为了应付考试，而是为了应对人生；让他们理解人类的问题和自己的问题，主动承担解决问题的责任与使命，从而获得学习和成长的内在动力。

我希望孩子能真正仰望星空、脚踏实地，星空是脚步的理由。

第二章
革新父母思维

家长的认知高度，才是孩子真正的起跑线

父母都希望自己的孩子有光明的前途，担忧孩子输在起跑线上。最常引发父母焦虑的问题就是：要不要从小就让孩子这么拼？要拼的话该拼什么？拼不过怎么办？其实，真正的起跑线，“拼”的恰恰是父母自己的认知高度。假如我们能主动升级认知，迭代思维，让自己站在更长的时间维度上，对未来有更精准的把握，对孩子多一些了解，对成长多一些远见，就更容易透过纷繁喧嚣的现象，抓住教育的本质，不走冤枉路。

01. 终局思维：决定一个人的成败，有比聪明和天赋更重要的事

我想聊两个话题：

1）资质优秀的孩子该如何培养？

2）资质优秀的孩子自身要注意哪些问题？

从我在理科实验班的经历讲起

我自己小学升初中的时候，走的就是数学竞赛——理科实验班路线。换句话说，今天很多父母热衷让孩子走的路，我二十年多前都走过。

当时的结果如何呢？

我从五年级开始进入奥数培训班，尔后通过了一所著名初中的点招，进入理科实验班，五年读完了初高中。当时有四五千人报名，我考了全市第七名。

可以说，我算是当时奥数选拔赛的赢家。

当别人问，如今我会想要让我女儿再走这条路吗？

我：我应该不会让我女儿走奥数竞赛这条路。

别人：为什么？

我：我希望她有自由探索的时间和精力。

别人：学奥数不好吗？

我：没什么不好。只是这条路适合对数学有极特殊天赋的孩子，那种天赋类似于有运动天赋的孩子去体育学校做体育特长生。很多要强的孩子也可以通过奥数考试，成功考上实验班，但如果没有特别的数学天赋，在这条路上是走不远的。

别人：怎么才能知道自己的孩子有没有特殊天赋呢？

我：很简单，就是孩子在某方面有超出常人的能力。有天赋的孩子会展现出对这个领域极强的兴趣。

别人：兴趣也是成功带来的吧？刚开始没兴趣，也许成功之后就有兴趣了呢？

我：这个事情，怎么说呢……我不希望孩子混淆对“成功”的感觉和对“事情”的感觉。我希望孩子能更敏感地体会到什么是内心深处真正热爱的事情。

我还是继续分享一点我的过往经历吧。

有关“聪明”的演讲

2017 年，我应哈佛大学中国办事处的邀请，给他们的一个青少年营的活动做演讲。

这个青少年营的成员是从我国高中甄选出的优秀学生，经过了层层筛选，都是尖子生。虽然是读书主题的活动，但入围的难度还是很高。哈佛的活动毕竟自带光环。

北京一场，上海一场，这两场演讲我都用了同一个题目：《愿你一生勇敢，不负聪明》。

我说："我在这个会堂里讲的东西在其他地方可能都不会讲，因为有些东西说给一般人听比较刺耳，但我相信你们会懂。能坐在这个会堂里的同学，都是很聪明的。而我要讲的，就是如何对待聪明，走出聪明带给自己的桎梏。"

接下来我讲了因为聪明而可能遇到的问题，也讲了我的建议和鼓励。

第二场演讲结束后，会场后排有一个女孩站起来说："我觉得你从一开始就强调'聪明'，听着挺刺耳的。"我说："你说得没错，所以我平时在外面并不会这么讲。我只是在这样一个场合，针对一小部分人讲，我想会有人明白我在说些什么。"

事实上，每一场演讲结束后，都有孩子找我。

第一场有一个男孩从后面追上我，跟我说："你说得对，我就是那种做什么都很快的，也得过不少竞赛的奖，但我不知道怎么找到自己继续努力的动力。"

第二场结束后，有好几个孩子跑到后台，一个女孩说："我完全明白你在讲什么，我就是像你描述的那样，从小考试就是第一名，但很多时候内心会很脆弱。"周围的几个孩子纷纷点头。其中一个男孩还提出跟我拥抱一下，希望得到一些鼓励。

那个时候，我觉得我的努力是值得的。

是的，很多时候聪明孩子面临的是共性问题。聪明，是一种很容易被识别的特征，也是一种非常容易被周遭环境捧在手心上的特征。但也因为这样，聪明的孩子也很容易走入一些共同的问题圈。

我也曾经在这问题圈里徘徊很久。

关注结果，还是关注过程

我算是从小到大一直被说聪明的孩子。小学第一个学期的期中考试，得了年级第一，老师说那一年试卷偏难，没想到有人竟然能全部拿满分。从此之后我在各个年级都拿过年级第一，高考时也还是学校的第一。

而年级第一的成绩，对我而言并不是很困难。我没刷过题，小学放学后在户外玩到天黑，中学放学后去打篮球，而且我从小就在校园电视台做一些播报、参与文艺演出等。学习也不需要父母督促。

总而言之，我没有感受过学习的辛苦。

讲这些事情貌似在炫耀，但我必须把这些东西诚实地讲出来，然后才能用同样的诚实，把我经历过的真正的困难讲出来。

我经历的真正困难，出现在大学。在大学我有一段时间陷入自我怀疑的困境，我的成绩算不上出色，自己想要为之努力的写作也毫无进展。这种时候，我还不停给自己制订计划，每年都制订新年的计划，幻想自己能在某些方面大放异彩。

可常常事与愿违，到年末发现这一年并没能做到我给自己定的“杰出”目标，接着下一年也没完成目标，这让我十分焦虑，尤其在临近年末时用尽办法想赶上进度，例如发疯似的修改被退稿的作品，期望在年内发表出来。而越这样就越发不成功，越怀疑自己。

直到过了好几年，我才慢慢发现症结所在：我混淆了对成功的感觉和对事物本身的感觉。

举个例子，如果喜欢的是站在领奖台上当第一名的感觉，那么游泳时想得更多的就是怎么成功；但如果喜欢的是游泳本身，那么游泳时感受的可能是身体和水接触的感觉，人在水下身体的奇妙变化，调动身体肌肉向前游动的感觉，头脑中想的是更纯粹的身体姿态的细节。

奇怪的是，在人生的很多领域，以后者的心态更容易取得成功。

我第一次意识到这一点，是在一堂大提琴私教课上，当时我已经学了两三年，给自己定的目标是能在年底的聚会上拉曲子。但是有一次上课的时候，老师打断了我的演奏，直言不讳地问我：“你是不是没有听到你拉琴的声音？你真的听不出来声音本身的音色好坏吗？”那个时候我发现，我确实没有全身心地感受弹奏的琴声，我只想尽快推进练习曲的进度。

这件事给我很大的刺激。我开始慢慢观察，当其他人真正喜欢一件事的时候，他们做这件事时是怎样全心投入的。

跳舞的时候，专注的是肌肉和身体的感觉。写作的时候，专注的是记忆引起的细微情绪。研究数学的时候，专注的是方程两边的意义。我羡慕他们那种发自内心的专注，能够沉浸其中，而不受进度的干扰。

不能沉下心感受过程，是无法精进的最大障碍。

正是在这个时候，我意识到“聪明”给自己设下的障碍。

局部最优和全局最优

我曾经太过容易地在学习上取得第一名的成绩，因此习惯于站上山头的感觉。所以做什么都恨不得一下子就跨上山头。我熟悉的就是怎样在各种山头打卡，无论是各式各样的考试，还是学校里的各种文娱活动。

可是校园里的小山头，对于人生的高山而言是无关紧要的。如果只想着在山头打卡，往往没有耐心一步一步踏实走山路，更无法接受那种“看不见顶端，只是一直在路上”的长期登山过程，那就做不到真正的卓越。接受不了走寂寞长路，就攀登不了真正的高山。

我曾经遇到的问题，可能也是很多聪明孩子会遇到的问题：习惯于快速站上山头，不习惯于长久在山路上摸索。

对我来说，从小到大各方面的成绩和获取成绩的容易度，让我误以为成就感就等于兴趣。我想尝试各种事情，其中有很多并不是因为我感兴趣，而是因为我又能学会一项新技能了，你看我这也会，那也会，什么都会。其中绝大多数就像考试成绩，每年都能有新成绩向人展示。

可是真正的人生成就是什么样的呢？

真正的人生成就，属于极致的沉醉者。在更广阔的世界中，在更长久的人生里，最终是对一件事极致的敏感和热情，让一个人走上更广阔的道路。这种感觉就好像全世界不存在，只有自己和自己正在做的事情。这种时刻，内心澎湃如大海。

想要在真实世界里做一些重要的事情，就需要将自己全然打碎，忘掉所有过往，有一种从山脚开始攀登的赤子之心。然而很多习惯于在小山头上用成绩证明自己的人，不愿走下山，他们将自己卡死在自己的小山头上，也就很难攀登真正永无止境的高山。能走出这一步，需要的勇气多于才华。

换句话说，有的时候，聪明阻碍了真正的勇敢。

愿你一生勇敢，不负聪明

回到教育上，对我的女儿，我有什么样的期望呢？

我希望她能真正对内心诚实而敏感，找到自己一生所爱。

我曾看到一些人用高超的科技做计算机动画（CG）的样子，他们日复一日进行繁复地处理，但是很兴奋，为了实现脑海中的设想而废寝忘食。我也知道真正热爱数学的人是什么样子，那些数字和符号，是他们头脑中闪闪发光的星星。我见过顶着成功者光环志得意满地拍电影，最后却狼狈收场的人，也见过真正热爱电影，从剧务开始做起，每天看几小时电影自学，最终拍摄出划时代作品的人。

换句话说，我见过“头顶有光”和“内心有光”的人，后者比前者能走得更远。

我会让女儿尝试各种东西，学数学、学语言、学艺术、学音乐、学体育，也学科学，但我不会对她的短期成就有要求。我只是希望她能在广泛接触中，慢慢摸索出内心真正光亮的所在。

我不觉得资质好的孩子，一定要超前学习、跳级，甚至不觉得资质好必须进入顶尖学校。事实上，“最顶尖的位置”虽是很多人向往的位置，但它也只是千万个位置之一。如果资质好等于“必须抢最顶尖的位置”，那其实是降低了自己的自由度。

在我面临毕业选择的时候,我周围很多人的选择是十分局限的。理工科毕业生的选择，基本上是在顶级高校或者公司做科研；社科类毕业生的选择，局限于一些投资机构、咨询公司等，职位选择不外乎几类：咨询、投资、研究、管理。在那个时候，仿佛全世界只有这几个职业，其余都是不需要考虑甚至不需要存在的。

后来接触的领域多了，看的世界大了，才发现这几个职业只不过是全天下千百个职业中的几个，它们确实挺好，但远远不是全部。我做一些项目时，发现很多领域有广阔的市场、全新的血液，一些新兴业务蓬勃发展，创意产业也一天天变化，到处都是寻找人才的新项目，而很少有毕业生会去选择这些。

这个世界上，形形色色的职业太多了，在当今时代有一些工作和职业可能很多人都没听说过。比如：设计颜值与交互俱佳的新产品、策划逼真的沉浸式体验、用虚拟现实技术呈现历史场景、规划突破传统边界的跨界互动合作、以想象力为核心的内容事业、对精准用户群体有吸引力的圈层事业，以及声音装置艺术家、气味品鉴师、虚拟偶像打造者、游戏设计大师……

我相信，未来一定只会有更多选择、更多路径，企业形态革新的速度也只会越来越快。只要不给自己的人生太多条条框框限制，总能找到自己喜欢的那条路。

在这样的情况下，怕的不是一无所有，怕的是自我设限。越是资质优异的孩子，越是容易被校园里所取得的那点优秀成绩困住，站在既往成功的山头上，走不出破釜沉舟的一步，无法从零开始，找不到真心想要攀登的高山。这个世界上的高山太多了，每一座高山都是要穷尽毕生的力气，一小步一小步行进。如果没有热爱，根本无法坚持。而如果没有自我发现的敏感，根本无法从心底产生热爱。

发现热爱，需要自由的时间和空间。

所以如果问我参加各种竞赛和特长班好不好，我会很明确地回答：可以参加，但是不要占据孩子自由探索的时间，更不要让孩子心中只有各种竞赛。

只有抛却聪明加给自己的所有包袱，走到谷底，找到真正能让自己泪流满面的事物，才能找到支持生命的长久力量。

我只愿你一生勇敢，不负聪明。

02. 反鸡汤思维：学习要快乐，但绝不是让孩子随心所欲

有关教育，近年来各种流派、新潮观念风起云涌，我也来说说我个人的一些想法。

有关快乐教育

写这篇文字的时候，我正在苏州市调研，白天去了苏州工业园考察机器替换人类相关工作的进展，也和六家企业进行了座谈。有些事情，虽然一直知道，但是亲眼看到还是内心感慨万千。

调研看到的场景稍后再说，先讲一下当天下午我问那几家企业的一个小问题："你们觉得，目前招来的大学毕业生，有哪些素质你们比较看重，有哪些素质有所欠缺？"

有企业回答说："现在的学生，很多抗压能力太差，逆商不够，一点小挫折就受不了。目前我们开始招'宽松一代'了，就是九几年出生的，从小受快乐教育长大的一代，估计逆商更差。"

如果真的始终生活在这样的无所事事中，一个人就会很容易感觉到无聊，甚至做什么事都提不起精神。

而与之相对的是另一种快乐，因为自豪，因为实实在在体验到自己的力量，因为看到自己的成长而持续的快乐。那是一种武林高手般的自豪感，我练功升级，我打遍天下无敌手。

孩子需要自由的快乐，也需要自豪的快乐。很多时候，后者更令他们快乐。

那我们需要怎么做？告诉孩子先苦后甜，逼孩子小时候学习，以便长大感受到自豪的快乐？

其实不是的。我们总是太低估孩子自身成长的力量。

每个孩子身体里，与生俱来都带有对自己的自豪。我们真正需要做的是看见它，像保护一颗小小的种子一样保护它， 让它发芽。相信孩子自身的力量，当孩子感受到自己被相信，他也会学着相信自己，进而期许更好的自己。

当我们以孩子的成长和优秀作为目标，那是肯定可以批评和管教的，但这种批评和管教不等于压制。其中最大的区别在于，当你带着挑剔和嫌弃管教，内心的潜台词是：“这孩子怎么这么烦人？”“这孩子故意给我添乱。”“这孩子天生脾气太差，得管。”

而如果带着相信和期许管教，内心的潜台词是：“不行，你完全能做得更好。”“你只是偶尔这样，我相信你能更好。”“你这么棒，再做到这点，你就更棒了。”

父母内心潜藏的所有态度，孩子都是能感受到的。

实际上，孩子最念念不忘的成长引路人，不是那个对他撒手不管的人，而是那个发自内心认可他的人。在完全撒手不管的状态下，孩子可能感受不到自己被信任，永远说“你喜欢就好”，潜台词就是“我也没有期待你能做好”。然而每个孩子都期待自己被赋予某种期许，期待他人认可自己的天赋，期待看到自己的进步，期待在挫折与困境中有人能锲而不舍地说“别放弃，你可以的，就差一点点了”。

一旦孩子感受过被人信任和自我进步的喜悦，那么他将不会把努力当作快乐的敌人，因为他能感受到自己在成长。那是他未来抵抗困境、破茧成蝶的力量，也是最长久的快乐源泉。

这是我想说的反鸡汤第一条：放手不管不等于快乐教育。

快乐教育需要能让孩子找到不断超越自己的力量。

有关传统学校教育

就像想要抛弃一切管教一样，我们有了小孩之后的第一反应往往是：我可不要让孩子再做考试机器了。

于是出路就是早早送国际学校，或者考最好的新兴私立学校，为创新教学法欢欣雀跃。感觉如果不这样做，就会让孩子变成一块石头。

可是我们有没有问过自己：这么多年的传统学校教育学习，你自己真的学傻了吗？如果真的学傻了，现在又哪有这种反叛精神，主动为孩子选择其他学校。

事实上，这么多年，我就没见过一个学傻了的人。确实有沉默内向的，有不善交际的，有过于耿直的，有循规蹈矩的，有适应能力不强的，但实际上，每个人的性格形成都有其个人原因，不善言辞可能是善于观察，也不等于是学傻了。

随着我们越来越独立，越来越纯熟地在社会里摸爬滚打，我们见到的油嘴滑舌和老谋深算的人越来越多，我们自己也变成了老油条，却没有问过：都是学校培养出来的，谁是那个学傻了的人呢？

其实我们真的没必要像害怕洪水猛兽一样害怕传统学校教育。我们要相信的是孩子的内心：在今天这样信息化的时代，孩子的头脑也没那么容易僵化。

让人头脑僵化的唯一理由，就是眼界太狭窄。只要让孩子听到这个世界五花八门的意见，他们的心自然就是灵活的。

父母能做什么呢？与其因为焦虑而逃避传统学校教育，还不如多让孩子看几本书，告诉他：这个世界上的事情，有人这样讲，有人那样讲，老师和学校是一种讲法，但世上还有别的讲法，等你长大了，自己做出自己的判断。

我们经常低估孩子自己的力量。很多时候，每个孩子都是在学校环境中自己摸索着长大的。同样的学校，每个孩子的成长路径都不一样。与其超越自己能力范围想给孩子选择完美的学习环境，真的不如让孩子自己拥有强健的成长之躯。

那如何拥有呢？也很简单，其中一个方法就是多让孩子看书，无拘无束地看书。看书的投资最低，获得的回报都是长在自己心里的。如果孩子心里有大千世界，那么无论在哪儿上学受到的都是最好的教育。

这是我想说的反鸡汤第二条：无需对某些新式学校盲目崇拜。

想让孩子思维自由，不能完全依赖学校，家长自身也要参与其中。

有关数学教育

上传统公立学校，至少有一点还是不错的，基础知识会学得比较扎实，数学也能打下较稳妥的基础。

数学学习真的重要吗？未来的时代还需要学数学吗？

最近听到了一些有误导性的说法，例如未来机器人都比人聪明，我们就不用学理科了，都去学习哲学和艺术。这真的是误导。

为什么要学数学？数学不只是方程和计算这么简单，数学塑造的是我们看事物的方式。数学真正影响的是我们的大脑。缺少数学感知的人看事物可能会是乱糟糟一片，数学好的人看同样的事物，可能就是条理清晰的。

我们需要数学，它是让我们获得高层次认知的台阶。越是人工智能突飞猛进，越需要数学思维好的人。

那需要让孩子从幼儿园开始上数学启蒙课吗？

我不清楚小学的状况，但我个人觉得幼儿园阶段没有必要。对幼儿阶段的孩子进行数学启蒙很重要，但不需要用上课的方式，而且上课的方式也不是最好的。

幼儿阶段的孩子，最重要的是培养数感，简单说就是数形对应。把数字的发音、数字的写法、物体的数量和数量的大小，这四种数的概念对应起来就是很不容易的事了。一旦在大脑中建立了数的抽象关系，加减法反而是水到渠成的。

幼儿的学习特征是浸润式的，最好让他们有一种“数学属于天地，数学属于生活”的感觉，而不是仅仅把数学当作答题卡上的算式。唯有这样的学习，将来才能触类旁通。

这是我想说的反鸡汤第三条：数学的学习在任何时代都需要重视。

数学学习，最重要的是抽象思维能力，一旦掌握受益终生。

人工智能时代学什么？

当天的调研，我们到了一家电子零配件加工车间参观。他们自前年开始用机器替代工人工作，买一台日本生产的设备花费二十五万，使用十年，可以替三四个工人工作。即使算上维护费用，不到两年也已经回本。机器不知疲倦地工作，效率提升了，良品率也大大提升。

据工厂副总讲，他们这两年已经减少了三四千人的雇佣，预测再过五年，现在2/3的人员应该都不需要了，智能管理系统让他们连管理岗的人员都可以缩减。

在和另外两家拥有更高技术含量的企业座谈的过程中，他们也表示确实有机器取代工人，但是也有很多其他岗位并不会缩减。原因是，目前人工智能确实能替代不少简单重复性的工作，但除非一个人的工作只有这种简单重复性的部分，才会被裁掉，对于多数复合型职位，只是他平时工作里的体力活被代替了，他可以专心去做更复杂的工作。

有企业谈到，未来几年研发设计岗位会大量扩张。当我们问到有关创新与研发的部分，一家企业讲："实际上创新研发更多的是积累，是要在企业中熟悉整个技术过程和研发过程，靠经验积累，逐渐浸润技术开发的文化，最终推陈出新，不是靠灵机一动拍脑袋。"

这是工程研发非常典型的传承过程，现在在科研中也越来越多地遵循这种浸润与传承。但很多时候我们说起创造力，往往想到的是突发奇想的能力，还会觉得知识学多了的人会受束缚，不要学比较好。这是一种误解。如果一个人学了知识之后缺乏创造力，那不是知识的错，是这个人没学好。

真正的创造力是在知识丰富的基础上的灵活思维，肚子里没货，创意也只是胡思乱想。

所以如果问我什么是未来人工智能时代孩子最必要的素质，我会说：丰富的知识面，灵活的思维能力。

为什么要具备丰富的知识面呢？因为只有知识丰富，选择余地才会大。未来发展变化太快，孩子的一生中面临不断的转向，如果知识面太狭窄，又怎样能在新领域显露头角呢？未来，人最大的竞争力就是复合型通识能力。

为什么要具备灵活的思维能力？因为知识对所有人都是一样的，但是每个人拿知识能做的事都是不一样的。获取知识越来越容易，谁能把知识做出不一样的加工，将是决定胜负的最关键因素。创造力是成败关键，而它就是对丰富知识灵活运用的结果。

这就是反鸡汤第四条：未来人工智能时代也需要学习大量知识。

任何时代都需要丰富的知识面，人工智能时代更是如此，只是未来更需要在知识丰富的基础上灵活地推陈出新。

简而言之，我想表达的核心意思是：学习很重要，未来学习更重要。

我每每看到孩子不需要好好学习之类的鸡汤言论，都觉得误人子弟。学习好反而可能不幸福，是这样吗？我认识的学业顶尖的人，现在家庭事业生活多半都挺幸福。

我心中的快乐教育，不是我不管你，你快乐就好，而是能让孩子用快乐的方式学习，让学习和不断超越自己成为孩子生活中最大的快乐。有自我超越的想法，自律都不是问题。

我头脑中的理想父母，是不打不骂、鼓励孩子的温暖父母，但不是对孩子没有要求和期待。

父母在孩子人生最初的岁月里，要帮助孩子找到学习之路，引导孩子学习这个世界的知识，熟悉这个世界的运作。要用足够的耐心，等待孩子慢慢理解，当孩子取得每一个成就时都给予他鼓励，让孩子渐渐为自己感到骄傲，为接纳新知识而跃跃欲试。到这个时候，学习就会是一场令人兴奋的探险远征。

说到底，人类文明在向未来远征。谁能跟得上远征的速度，谁就能在下一个时代显露头角。

03. 超然思维：不只要学好一门外语，更要获得与世界对话的能力

我和先生都很喜欢欧洲。小的时候，我跟随父母在英国旅居过一年；读研究生期间，我曾到巴黎做交换生，我先生曾到慕尼黑做交换生；前前后后我们去欧洲旅行和开会也有五六次。欧洲的风景、建筑、饮食、文化我们都很喜欢。

这两年带着女儿晴晴去欧洲玩，每次去都觉得那里自然环境真好。我和先生没什么积蓄，也没什么投资，但很舍得为旅行花钱，每年的收入差不多都用来旅行。但即便如此，我们却并不想真的去那里永久定居。

为什么选择留在国内呢？

首先肯定是个人发展方面的私心，两相比较，国内的个人职业发展空间还是会比在国外宽广一点，我们不觉得父母应当为子女发展而自我牺牲。

其次是想要带来一些改变的愿望。我们对中国的社会有自己的责任感，想为更多有困难的人做些事情。

最后是我们希望自己和孩子都能拥有一些东西——一种认清自己也理解世界的思维，一种扎根与远望并存的态度，一种超脱于偏安一隅的私人生活、关注整个地球与人类的眼界。我们并不觉得获得富足平稳的精致生活就是人生意义的全部，有些东西比这种安逸更重要。

该如何形容它呢？

我还记得，上中学的时候，读到过的最打动我的一段文字是卡尔·萨根《暗淡蓝点——探寻人类的太空家园》的第一章的这段内容，它影响了我后续的整个生涯的选择。

再看看那个光点，它就在这里。这是家园，这是我们。你所爱的每一个人，你认识的每一个人，你听说过的每一个人，曾经有过的每一个人，都在它上面度过他们的一生。我们的欢乐与痛苦聚集在一起，数以千计的自以为是的宗教、意识形态和经济学说，每一个猎人与粮秣征收员，每一个英雄与懦夫，每一个文明的缔造者与毁灭者，每一个国王与农夫，每一对年轻情侣，每一个母亲和父亲，满怀希望的孩子、发明家和探险家，每一个德高望重的教师，每一个腐败的政客，每一个“超级明星”，每一个“最高领袖”，人类历史上的每一个圣人与罪犯，都在这里——一个悬浮于阳光中的尘埃小点上生活。

那段时间我经常想起这个景象：从黑暗的太空中俯瞰地球，看到这颗水蓝色星球上面每个国家的昼夜晨昏、人群穿梭、生离死别、繁荣衰败。

中学最后的时光里，我充满了对未来的各种想象。我期望未来能找到某种方法，让海水运至沙漠，让沙漠变成绿洲。那时候的同桌说，他想研究可控核聚变，解决人类的能源问题。很多年后，他成了我的先生。

后来的我们，一起走过地球上的不少地方。我们常常遇到让整个心灵停滞的景象。印象最深的是一次在意大利撒丁岛的悬崖边上，俯瞰垂直峭壁下的深蓝色海水拍击岩石的景象，那种深邃和壮观让我觉得震撼极了。那是地球和自然的力量。

我们喜欢去那些让人感受到自然之博大的地方。我们喜欢讨论各国历史、风土人情、国际政治，有一种四海为家的感觉。

这是一种非常个人化的思维特征，与阶层和国籍无关。

我遇到过一些极有个性的人，终其一生实践某种超越其身份和国籍的项目。我也遇到过一些生活条件远比我们优越的人，但是却并没有这种对于全世界的关照，而是仅仅关注于私人圈子和个人生活的细微改善。

是的，我更希望孩子获得的，是地球观。

我并不希望她成为旅居全球却只关心自己的人，而更希望她能成为立足本土却心怀地球的人。

我们不那么看重国内国外文凭，而更看重她是否有足够开阔的视野和胸怀。

地球观是一种看待事物的视角。

只有从整个地球的视角出发，才能理解为什么所有国家都隶属于同一个生态系统。只有从地球的视角出发，才懂得为什么地球上不同语言文化的人，都要学习共同的知识，那些考试分数绝不是人生的终极目标，而只是推动人类进步的人生起点。

我们都是地球的居民。

我希望的不是女儿获得更好的英语能力，而是理解这个世界上有许许多多不同的语言，讲着同样的事情。我希望的不是选一个最美的花园给她，而是和她一起寻找让家园成为花园的办法。

我希望的不是让她拥有一份周游世界的简历，而是认识各个国家，从而更好地理解自己的国家、自己的未来。

说回到教育，我们无法给女儿国际化的精英教育。但我还是很希望尽自己的努力，给她一些我喜欢的教育环境。

前一段时间和友人吃饭。他就读的是耶鲁大学环境专业，给我讲了耶鲁大学环境学院入学时候的事情——老师带着他们进入森林两个星期，观察树木生长和生态循环。他又说起他自己学习和实践的理念体系：朴门永续（Permaculture）自然观。当时我的眼前一亮，是的，这是我希望女儿学习和感受的知识体系。我说服他来给女儿上一节课，让女儿了解地球的生态系统。我希望让女儿理解物种相互依存，也理解自然的伟大和脆弱。

就先从自然开始，未来几年我还希望能设计天文、历史、政治领域的探索课。我想让女儿拥有这些多样的教育机会，等她有能力参与的时候，就有机会真正从宏观视角、人类视角看待问题。只有用这样的视角串联，学习的才不是碎片化的知识。

在雪山上我给她看了冰川，讲了地球上的水循环。她已经知道蒸发是将海水运到雪山上的方式。

人世间的生生不息，也就像这水的永续流动一样，热闹冰冷都是过眼云烟，循环往复的才是人类历史。生命逝去之后，尘归尘，土归土，什么都不会带走，但会留下自己的痕迹。

期望我自己和女儿，都能在这地球上留下美的足迹。

04. 指南针思维：真正的启蒙，是从小学习掌控自己的人生罗盘

前段时间网上被一张五岁幼童的简历刷了屏：五岁认识了 1500 个字，会背 100 多首唐诗，一年读 500 本英文书。每天的课程内容安排得满满的，有思维训练、计算训练、数独等，还会钢琴、足球、街舞、游泳、围棋、主持，去过多个国家，每周还写三篇英文日记。

大家惊呼："这辈子也赶不上这个小孩子了！"父母们更是徒增焦虑："完了，我的孩子输在起跑线上了，怎么办？"

对这个问题，我们可以心平气和，一点点拆解来看。

牛娃引发的焦虑，大体可以分为三个层面。

第一层：要不要从小就让孩子这么拼？

第二层：如果从小就要这么拼，该拼什么？

第三层：如果才艺和见识也要比拼，家长该怎么办？

这三层焦虑都非常自然。任何一个父母都希望自己的孩子有光明的前途，我并不是那种劝人"算了吧，别在意"的人。我完全能理解父母对孩子未来的担忧，也赞同这种人之常情。

但我今天想细致地分析一下这几层焦虑，看看它们的潜在意义是什么，可能的解答是什么，对我们普通父母意味着什么。我先从第二层和第三层焦虑开始分析，最后再回到第一层焦虑。

幼儿启蒙，究竟要学什么？

第二层焦虑其实等同于这样一个问题：幼儿启蒙，究竟要学些什么？

我想我们都会同意，幼儿启蒙，应该学一些对孩子学业有好处的东西。五岁牛娃引以为傲的成绩和很多父母在孩子幼升小阶段着重培养的内容基本一致：识字、英文、背诗、计算、数学思维。

这些内容毫无疑问和小学低年级课程直接挂钩。识字、英文和计算出众的孩子，在一年级的课业中也很容易名列前茅。但问题在于，长远来看，这些内容对于孩子的学业有多少好处呢？

我们可以对比这样一个问题：一两岁的时候，不同的孩子学会走路和说话的时间早晚都不同，但这种先发优势对于孩子的长远发展有多大的影响呢？

每个父母都可以得出结论：没有什么影响。

有的孩子不到一岁就开口说话，有的孩子快三岁才开口说话，但是一旦学会说话，在说话这一方面孩子之间就不会有任何差别。正常的孩子到了三岁之后都会流利自如地表达，说话早晚的差距很快就被抹平，看不出区别。

为什么会这样呢？原因很简单：说话是一种所有正常人都能掌

握的共通技能。

只要是所有人都能掌握的技能，早一点晚一点掌握不会有本质差别。就像吃饭和睡觉，在婴儿很小的时候，父母往往为了让孩子学会吃饭和睡觉大费周章，但无论是怎样成长起来的孩子，长大之后就没有不会吃饭和睡觉的。

能使人生产生较大差异的，一定得是某些人能掌握而其他人无法掌握的技能，而不是这种所有人都能掌握的共通技能。

那么识字、拼音、算数算是差异技能，还是共通技能呢？大家都知道，这肯定都是共通技能。

幼儿识字很困难，但没有见过几个正常上学还不识字的人。到最后每个人认字的多少都差不多，早识字晚识字几乎没有差别。拼音、算数与之类似，无论小学一年级是否适应，也能很快学会。

其实我并不否认确实有很多天才比一般人展现出更超前的特点，小小年纪就取得了杰出成就。但反过来并不成立，超前赶进度并不等于天才。比别人学得早，并不等于学得好。

如果识字、拼音、算数是所有人都能掌握的共通能力，那么提前的优势能维持多久呢？很容易想到，没有多少。

即使父母要拼，也应该让孩子拥有一些具有长期优势的能力，而非让孩子费尽心力，苦练一些其他人很快就拉平差距的共通技能。

那么，什么是能让孩子长期保有优势的能力呢？

我们自己可以想一想我们上学的时候，在什么时候、哪些方面最容易跟人拉开差距？又有哪些学科、哪些技能，是会使人与人之间一辈子都有差别？

其实很容易想到，肯定不是识字之类。真正让学生拉开差距的，是高年级复杂知识的学习：语言的高级应用、数学和科学的进阶学习。这些会考验学生对语言和数理知识的深度理解，也是成绩赫然拉开差距的地方。

所以，父母更应关注的是潜移默化地培养孩子对知识的深度理解能力。超前抢跑看上去熠熠生辉，但是把深度理解力的根扎进土壤，初期虽默默无闻，后期却会长成参天大树。

孩子的多元爱好该如何培养?

下面分析第三层焦虑：孩子的多元爱好该如何培养，这是不是拼父母的时候到了?

其实，让孩子从小打开视野、培养各种爱好肯定是好事，但这个问题有很多种叙述的角度，也有很多种分析和理解的角度。

第一种角度是：我经常让孩子随意地玩，玩什么都行，有时候唱唱歌跳跳舞，有时候打篮球踢足球，有时候一起玩过家家表演，有时候带他去游泳戏水，有时候在家里瞎画着玩，有时候全家去旅游，简直是天天玩，生活不要太轻松。

第二种角度是：我给孩子安排了很多兴趣班，包括唱歌、跳舞、打篮球、踢足球、游泳、画画，还带他走遍天下去增长见识，我希望他每分钟都过得充实高效，这样孩子就能发展多方面的爱好。

这两种角度有差别吗？对于四五岁的孩子，二者的效果差别微乎其微，即使是最优秀的孩子，在画画、篮球、舞蹈和表演等专业课上的表现，也和玩耍效果差不多，而无论父母是否安排这些课程，孩子也一定会唱歌跳舞、跑跳玩球、画画表演，因为这些都是孩子玩耍天性的一部分。

也就是说，在一个让孩子随意玩耍的家庭和一个给孩子安排高强度兴趣班的家庭中，取得的效果可能是差不多的。

然而这二者的态度是截然不同的。前者家长的态度是全然放松，即使送孩子上学习班，也觉得孩子是玩，不算是取得的什么成绩；而后者家长的态度是严肃紧张的，即使带孩子玩，也觉得是学，要记录每一点成绩。前者觉得这都是孩子自发的表现；后者觉得这都是我的优秀安排。

这会带来两种不同的人生活法：前者的孩子似乎轻轻松松，就达到后者家长费尽心力给孩子安排的人生。这就是为什么我们会看到一些人能玩着学。这些人的存在时常让我们嫉妒。但是我们常常不敢相信，人生本来就可以玩着学。轻松玩爱好和严肃学爱好，会给孩子带来什么不同呢？会带来感受的差异。

人在放松的状态下，做不做一件事的主要理由是自己是否感兴趣。在放松的玩耍状态下，孩子基本上会特别容易展现出自己真正敏感、有兴趣的地方，父母也容易观察出孩子最有潜质的方面。

而人在紧张的任务状态下，除了是否感兴趣的因素，还有能否坚持的毅力因素、能否令人满意的取悦因素、积累多少成绩的压力因素共同影响，如果逼得紧，那么孩子可能会把一切都做好。

然而如果一切都做好，也就失去了对这一切的区分。久而久之，会感受不到哪个是自己内心特别钟爱的。

或许有人会说，毅力、取悦、成绩不重要吗？它们重要，但它们应是在一个人发现自己内心方向之后，在此方向上不断精进、不断加码时的推动力。在人生之初，如果把这样的严肃加诸每个方向，那就区分不出任何方向的差别。

我见过不止一个成年的朋友对我说——我感受不到什么是我真正喜欢的；也见过不止一个成年的朋友突然放弃自己学了多年的专业，开始重新寻找。

让孩子找到自己感兴趣的方向，需要的是父母和孩子双方敏感的心，父母需要真正看见孩子。真的不是拼尽家底把每个方向都砸上就能砸出结果的，很多时候，恰恰相反。再稍微延伸一点。区分父母是真的愿意支持孩子的爱好，还是热衷于给孩子闪闪发光的成绩单再新添上一笔，就看父母面对孩子人生选择时的态度。

如果父母想尽办法让孩子学钢琴，训练音乐才能，但是一旦孩子真的对父母说“我要做音乐，我要参加选秀，我要去当流浪歌手”，父母却截然反对，“如果你去了，就打断你的腿”，这就不是真的支持孩子的爱好，而只是把钢琴当作了考学的加分项。

支持孩子的爱好，就要允许孩子在最初自由地尝试，在未来认真选择自己内心熊熊燃烧的那个火焰，在选定的路上义无反顾。如果没有最初的自由和最后的宽容，就还是不要随便说自己“支持孩子发展爱好”这样的话比较好。

以我个人而言，我家的两个孩子，姐姐擅长搞笑，弟弟擅长笑，如果两个人未来选择搭配做谐星，我是完全可以接受的。

说到底，启蒙也是人生观的体现，要看父母是否能让孩子拥有选择自己的人生的权利。

如何培养对孩子长期发展有益的能力？

看了第二层焦虑造成的事倍功半和第三层焦虑造成的过度紧张，我们不由得要回到第一层焦虑：是不是孩子小的时候完全不需要启蒙，放任其随意玩耍就够了？

对此，我们还是回到最初提出的目标：希望孩子能发展一些对人生长期有好处的能力。那么，我们还是要进一步深入问一下自己：什么是对孩子长期有好处的能力呢？

从学业上看，对孩子成绩影响最大的，是从小学高年级到初中逐渐显现的深度理解力的差别。成绩的分化差不多在这个阶段开始出现，此后有很多科目的学习会始终呈现巨大差异。

那么这个深度理解力又是什么呢？与什么因素有关呢？其实简单来说，是与思考习惯有关。一个人如果经常进行主动思考、独立思考；如果任何事情他能不满足于被告知答案，而期望自己进行逻辑推理得出答案；如果他能习惯于透过表面思考深层次的原因；如果他经常与人沟通自己的想法，能理解不同的观点，那么学业上遇到的问题就不会成为他学习上的障碍。

跳出学业看，对孩子长期发展最有益的能力是什么呢？是一个人为自己的人生负责的自主性。

人的自主性在心理学研究中的地位日益重要，自我决定论已经成为这些年最热的研究领域之一。心理学家越来越多地发现，能够为自己做选择、做决定、把控自我人生的方向是一个人获得长期幸福的最重要因素。而我们也早就听过：孩子自我驱动的学习，有更长久的良好效果。

那又该如何让孩子具备自主性呢？

父母应该让孩子从小就参与到人生的选择中，为自己的学习、做事方式、时间管理做决定，让孩子有机会为自己负责。父母对孩子要像对成年人一样尊重，让孩子体会到自己做主的责任感和自豪感，所有这些都是把孩子人生的主人翁地位交到孩子手中，而逐渐形成的习惯会让他在未来的人生中找到方向。

因而，这两重习惯——思考习惯以及自主习惯，就是我们在孩子启蒙阶段为孩子打好的基础。

买菜也好，做饭也好，读书也好，睡觉也好，如果我们能在生活的每个细碎的瞬间，与孩子深入交谈，聆听孩子的声音，尊重他的选择，让他决策他的生活安排，与他讨论事情的前因后果，引导他去思考，鼓励他提出自己的理念，那就是最好的启蒙了。

由此可以看出，给孩子安排过于密集的兴趣班，从某种程度上讲，正是减弱了孩子自我安排、自我做决定的能力，也没给孩子留下思考的空间，反而是一种不利于孩子长久发展的启蒙方式。

启蒙不是量化的数字，也不是一丝不苟的表格。启蒙是开启孩子的内心，并用耐心聆听孩子的内心，是让孩子内心深处的思想与自我意识萌芽而出，扎根于肥沃的泥土，自我推动成长为一棵参天大树。

如果一定要进一步要求孩子在学龄前有认知上的发展，该让孩子学习什么呢？很多技能都可以学。认字和数学可以学，在马路上认识商店的名字，过生日的时候计算年龄差，这都是非常好的学习。只是任何知识的学习都无须刻意攀比。

比学习知识和技能更重要的是发展思维习惯——对于任何不理解的事物发问的习惯。

如果孩子听到任何一个知识点，都能明白其背后的原理，对来龙去脉深入探索，对不懂的地方能够及时追问，对听懂的地方能够举一反三，那么这种习惯未来代入学校的学习，会形成对于高年级复杂知识依然有效的思考和理解能力。

说到底，父母对孩子的启蒙，是一种润物无声的浸润，最重要的是行为态度上的浸润。父母的焦虑或信心，也会在无形中传导到孩子身上。若我们对孩子多一些信任，他们也会对自己多一些信任。

第三章
家庭启蒙方法

03

让孩子发现自我，
听见思维生长的声音

我心中好的启蒙，是安安静静去听，听见孩子思维生长的声音。如果父母能够放下焦虑和比较，也暂时不去担忧孩子学会了多少个字这类量化指标，而只是耐心等待，就会惊喜地发现，思维像花朵一样，在孩子的头脑中渐渐生长，绽放。对我而言，这些思维能力比单纯学会认拼音，学会写字的技能更重要，因为这些能力一旦在孩子头脑中扎根，就会自发生长，成为一辈子推动自身向上的力量。

01. 思维启蒙：孩子每问一个“为什么”，都是对大脑的一次锻炼

作为佛系妈妈，家里有一个不爱学习的小孩，也是自然的事。

我女儿晴晴自小不喜欢背东西，无论是儿歌，还是唐诗宋词。一旦要求她背东西，她就发出各种怪声。我让她学习拼音或算术，她也往往直接拒绝，假装听不见。老师教她踢足球和跳舞，她也不肯下功夫学。

而且，这孩子不仅在识字和背诗方面不突出，在其他各方面的表现也不突出。拼图不厉害，乐高搭建不厉害，记忆测验也不厉害。有时候家里人会担心：这么不爱学习，以后到了学校里处处落后，然后越落后越不爱学习，可怎么办才好？

但我心里却并不着急。

领悟才是学习最大的乐趣

从小到大上学，我就没受过什么奖惩的激励，父母对我一向是

信任，考第一也没奖励，考坏了也不说什么。我的刻意练习也不算多，有时候暑假作业都写不完，更不用说什么题海战术了。而其他种种描述，什么“学习需要强大的意志力”，“学习是反人性的”，等等，我都没体验过。

在我心里，就只有一种现象能形容学习，那就是天气变化。没学懂就像是乌云密布，学懂了就是天晴如洗。如果没懂，练习多少遍也是看不清；如果懂了，清清楚楚摆在眼前，也不需要多少练习。跟刻意练习没关系，跟得到的奖惩也没有关系。如果只有一个词能形容学习，那就是豁然开朗。

学习就是一个拨云见日的过程。有乌云遮着，心里总会焦躁不安，如果想办法把乌云都驱走了，站在高处看见街巷鲜明，心里是特别舒爽的。这种从“不舒服”到“舒服”的开朗感，就是我学习的动力源泉。

学习怎么会反人性呢？学习是从混乱到清澈的过程，这是最符合人性的。

懂与不懂状态的练习，差别是极大的。举个极端的例子，如果不懂“数字大小”的含义，那 16 小于 17，18 小于 19，20 小于 21……全都要背。而如果懂什么是“数字大小”，那么答案就是显而易见的。更难的概念的理解也跟这类似。

我大一的时候学线性代数，其实没学懂，懵懂着做题考了试，但心里总是模糊的。后来有一天突然理解了什么叫维度、正交和内积空间，一下子觉得“啊，原来就是这样”。分析经济问题也会想到正交维度张成的完备空间。因此我挺能理解一些科学家和数学牛人，对一些很难的问题会说“显然，得证”，在其他人眼里还是一团糨糊，但在他们眼中已经是一目了然了。

我这辈子唯一的遗憾就是，上大学的时候学的课太多，时间太少，我领悟力又不太强，因此很多课都没有达到云开雾散的清明。混沌着做了些题，但只是做题，并没有真正领悟。

领悟，是学习最大的乐趣，甚至是人生最大的乐趣来源。

比勤学苦练更重要的东西

为什么我对女儿的不背、不学、不下苦功，并不着急呢？那是因为我在她身上看到了另外一些东西，一些我更在意的东西。

她是好奇的。

她喜欢恐龙，我问她为什么，是觉得恐龙特别厉害吗，她说是因为恐龙生活的时代还没有人类，她很想知道恐龙的生活习性。她拿到新书会迫不及待地拆开，看了很多本，都不愿停下来。她很喜欢了解每样东西都是怎么做出来的。

她会主动观察。

有一天她带着一个小磁铁去上学，走到哪儿，都要拿着这个磁铁去吸一下，看看能吸到什么。她发现汽车能吸，秋千架能吸，但是吸不到滑梯。我让她观察，汽车是什么材质，滑梯是什么材质，让她去摸一摸它们有什么不同。有一次我给她看一本棉花是怎么种出来的书，她就找来一块布，要看布料上面的棉线。她能自己总结出来动物和人的几点不同，例如手脚，例如毛发。

她会表达自己。

当孩子能说出自己的看法和疑惑，那其实是说明他听懂了，有思考。有不同的见解，有不明白的地方，才会发现更深的问题实质。

例如我曾经很早就给女儿说过，地球是一个球体。但是她上次突然说："我觉得大地是平的，所以我觉得地球也是平的。"这其实是非常真实的表达，她看不出来地球是一个球体，其实我也看不出来，任何人看大地都看不出地球其实是个球体。她还问："你不是说地球是斜着转的吗，但我看大地就是平的。"她能去表达自己的观点，我觉得蛮好的。当然，她平时表达自己心意的时刻，就更多了："我如果好好吃饭，不吵不闹，你就在我生日时给我买个独角兽，可以吗？"

她能够推理。

当孩子做出合理的推理时，就说明他有思维能力。例如晚上我给女儿讲青蛙和蟾蜍的故事，我讲到一半儿的时候会问她说，你觉得青蛙为什么要这样做呀，女儿就想了想说，它是为了让蟾蜍高兴，这就说明她代入到了角色里面，理解了不同角色的想法。

她有想象力。

孩子的想象力其实是很丰富的，如果你注意观察的话，孩子经常会做出一些超出你想象的行为。例如我女儿有一次把一个凳子放在另一个凳子上说，我给凳子带个帽子。像我平时就不会这么想，而这是孩子非常正常的思维方式。

她有解决问题的能力。

在生活里如果能退一步，观察孩子自己是怎么做的，就会发现孩子经常做一些大人觉得无厘头的事情，但是对于他自己来讲却很有意义。例如我女儿曾经有一次想把一个轮子拿胶条贴到床边上，一开始她贴不上去，我就观察她是怎么自己想办法的。她不停地尝试各种贴法，这一件小事儿让她折腾了很久。其实把这个轮子挂在床边，是完全没必要的，可是在这个过程中，她展现了自己去尝试解决问题达到目的的能力。有时候我给女儿出一道很简单的算术题，她算不出来，就自己找个角落说我去算算啊，我觉得挺好的。慢没关系，自己能找到解决办法就行。

为什么我不担忧孩子的启蒙呢？因为我在她的身上，看到思维在蔓延生长。因此，我不想逼她去学习，也不想逼她去做她不感兴趣的背诵。她有她的兴趣所在。她每分每秒都在学习，在学着理解他人的话，在学着理解这个世界。她热爱这个世界，并用她自己的方式思考这个世界。这些是她无意识中展现出来的能力，而这些，比背诵和记忆更令我珍视。

我们该如何给孩子启蒙

谈到启蒙，什么是有用的启蒙呢？要让孩子多早开始识字？多早开始学拼音？多早学算术？要提前学习学校内的课程吗？很多父母都有类似的疑虑。有的父母过于担心孩子进入学校后的成绩，恨不得提前两年学好校内三年的课程。

有关要不要提前学，我是这样认为的：孩子的人生是一场马拉松，未来的学业也是一场马拉松，他要在学校待十几年，这么长的一段时间，仅仅靠抢跑是不能够给他带来任何长期优势的，马拉松是一个太漫长的过程，抢跑的优势很容易消失。

那么，什么样的启蒙是我心中好的启蒙？

我心中好的启蒙，是安安静静去听，听见孩子思维生长的声音。

我认为，这些思维能力比学会认拼音，学会写字更重要，因为它们是推动孩子自发成长的力量。而且，更重要的是，我相信这些思维能力能够让他们应对未来的人生挑战。他们会在学校里遇到没听过、没见过、没学过的新知识，但是有思维能力在，他们可以自己去探索。

毕竟，学习本质上就是一场探索。学习是拨云见日，而良好的思维能力，能让孩子发现乌云遮盖下的蓝天，享受学习带来的澄澈的快乐。

思维能力包括哪些呢？对启蒙阶段的孩子，大概有如下这些：

1）理解能力：能听懂老师讲什么，能理解上下文的含义，能理解知识的概念。

2）抽象能力：能把具体事物抽象化，能理解抽象概念。

3）逻辑能力：能进行推导，能思考因果关系，进行逻辑推理。

4）联想能力：能举一反三。

5）表达能力：能把自己的想法表达清楚，能清晰地描述各种事情，有自己的观点。

6）解决问题能力：能多角度思考问题，通过自主尝试，寻找解决的办法。

对于成年人，还需要具备其他更多的思维能力，比如批判性思维能力、创造性思维能力、审美能力等等。对于年幼的孩子，有了上面这些思维能力就已经够了。当他们学习时，具备了这些思维能力就可以贯通各个学科。

这些思维能力不一定能让孩子成为学霸，但是它们对孩子一生都有裨益。未来他们遇到工作中的挑战时，或者进入全新的领域时，他们都可以自主学习，找到问题的解决之道，成为人生的独立探索者。

如何让孩子拥有思维能力呢?

其实，这些能力，是一种思维习惯。所有的孩子都有这些思维能力。

那么父母具体能做什么呢?

第一点是多引导孩子观察。下雨天孩子都喜欢踩水，我们可以引导他们观察：早上的水洼有多大？下午的水洼怎么变小了？晚上水洼为什么不见了？观察的过程，也是积累知识的过程。

第二点是对孩子提问。不仅孩子可以问我们为什么，而且我们也可以问孩子为什么。当你问他为什么时，他很多时候并不知道答案。当他不知道答案时，他的小脑瓜就开始运转了，这是他的大脑成长的时刻。

第三点是可以跟孩子平等对话。可以多鼓励孩子表达他的想法。孩子有时说得断断续续，或是找不到合适的词汇来表达，但父母一定耐心听他说完，然后再告诉他恰当的词汇。而最好的鼓励就是：

我明白你的意思了。

第四点是代入情境。孩子在上学时经常会遇到的困难就在于，如何从具象生活向抽象学习转化，而应对这个问题，最好的方法就是，在生活中各种各样的具象情境中教给孩子知识，让孩子把情境中具象的事物和抽象的概念对应起来。

第五点是分析引导。我们可以让孩子对比不同事物的差异，去解释导致这些差异的原因。找到原因之后，可以问孩子怎么验证这个原因是对的还是不对的呢？让孩子慢慢熟悉因果关系和逻辑思考，也培养孩子的思辨能力。

在这五点中，如何在生活中启发孩子，如何培养孩子的思维能力，有一个很重要的关键词，就是“为什么”。孩子在小时候都特别喜欢问为什么，当他问为什么时，其实是在思考，他在非常努力地想弄明白这个世界是怎么运作的，这个世界背后的机理是什么。当他在思考时，其实就在锻炼他的大脑。

在这里，我也分享一个简单的小窍门，当孩子在家里问你“为什么”，父母如果不清楚怎样引导，最简单的三种回应是：

“你看……”带孩子观察，通过观察，回答问题。

“你觉得呢？”鼓励孩子猜想和表达。

“如果……会怎样？”引导孩子代入不同的情景，再根据推理想出答案。

02. 自我管理：
做作业拖拉，
最好的解决办法竟然是“奖赏时间”

很多父母都会遇到这样的情况：孩子做作业总是拖拉，有的孩子是太爱玩，总是想先玩再写作业，拖延到很晚；有的孩子是做作业超级慢，父母不监督就做不完，天天陪着写作业也太累。各式各样的情形，父母该骂的也骂了，该陪的也陪了，孩子却还是老样子，如何才好？

关于这个问题，我把我的一些经验和心理学方面的一些研究，放在一起说说，供父母参考。

怎么让孩子学会时间管理？

时间管理问题，永远都不只是时间管理这么简单。

如果只谈浅层的时间管理，那么应对办法无非也就是传统的方式：威逼利诱、循循善诱。具体而言就是：威吓孩子、奖励孩子、用孩子喜欢的方式引导孩子。

这三种方法有效吗？有效。

小孩子从一岁之后就总像发条没上好的玩具，完全不受控地乱跑乱撞。父母想让孩子按自己的期望行动，难免时常需要吼一吼，发个脾气吓唬吓唬，或者用一些糖果或玩具做奖励。这些奖励和吓唬的办法，在大多数时候，确实能约束孩子的行为，让孩子学会刷牙、洗脸、早点上床、少看点动画片、对人说话有礼貌。

此外，更有耐心的父母，会用孩子喜欢的方法来引导孩子行为。例如用做游戏的办法，用儿童化语言，用有趣的安排，让孩子遵守父母的指令。例如晚上八点一边做游戏一边洗澡，之后一边聊天一边在床边哄睡，让孩子开开心心跟随父母的指令。

具体到写作业呢，威逼利诱和循循善诱调节使用，对于浅层时间管理还是有一定效果的。让孩子体会到不写作业的后果（会被老师批评），拖延的后果（晚睡早起，白天困）；让孩子体会到好好写作业的好处（设置写作业的奖赏制度）；陪孩子写作业，让孩子感觉写作业并不是一件难事。几项加起来，虽然效果不稳定，但多数时候能确保孩子好好写作业了。

在进入深层解决方案之前，我先讲一种更可行的激励方案：以时间为奖赏。

很多时候，当我们提到赏罚，总觉得是特别简单的事，不就是听话就奖赏，不听话就惩罚。但很多时候，我们会发现赏罚并不好用，例如这次惩罚了孩子，下次孩子也一样会犯，许诺给孩子买玩具有时也不管用。这是怎么回事？

原因很可能是激励没有设置正确。

最有效的赏罚，就是以即时因果为赏罚结果，也就是说，让一个人体会到，摸火就会被烫，那他自然下次就不摸了。孩子越小，即时性越重要，如果做一件事的好处和坏处都在未来，那激励作用就很弱。父母跟孩子说，你快点写作业，长大了找好工作，那基本上等于没说；跟孩子说，好好写作业，年底给你买礼物，只能起一点儿作用。需要让孩子看到当下的结果才有可能有效果。

那快点写作业有什么当下的好处呢？

最直接的好处在于给自己赢得时间。赢得时间做什么呢？当然是做自己最喜欢的事情，看动画片、看课外书、打游戏，什么都可以。这种时候，孩子才有快的动力。

很多父母对孩子的激励方法问题出在哪儿呢？问题出在赢得时间并没有给孩子带来好结果，父母想让孩子快点做作业，但是快点做完作业之后，又给孩子更多额外的练习，或者让孩子赶紧睡觉，也就是说，对孩子来说，快点做作业得到的不是“好处”，而是“坏处”，那孩子怎么会有动力呢？

总之，如果让孩子看不到即时的好处，孩子基本上就很难有动力。这就好比在职场中，如果努力工作的结果只是给自己增加更多额外的工作，那久而久之就都磨洋工了。

能起到激励作用的，就是赢得的时间全归他自己，写得越快，玩得越久。也就是说，如果晚上有三个小时，能一小时写完作业，就可以痛快玩两小时，这样孩子才有动力。这个玩必须是真正的、让孩子自己决定的玩。只有这种情况下，孩子才会觉得快点写作业是有好处的。只要真正落地，孩子就能被激励起来。这就好比公司里的业绩奖励制度。

让孩子学会时间管理的深层解决方案是什么呢？

这就需要我们问问自己，我们想让孩子达到的最终状态是什么呢？是按时写完作业，是养成习惯，还是什么？

我个人觉得，最应该让孩子做到的，是另外的四个字：心里有数。

如果只想让孩子完成作业，那么免不了一直盯着孩子写作业，为了写作业这件事，忽略孩子的个人意愿也在所不惜。如果只想让孩子养成习惯，那么有可能孩子做的是表面功夫，看上去每天都定点学习了，时长也足够，但并没有学到心里去。

如果能让孩子心里有数，也就是知道自己的作业有多少，写了多少，还需要多久，自己学会了什么，还有什么不会，那就是一种自主的状态了。这种情况下，无论孩子几点写作业，是先玩再写作业，还是先写作业再玩，都是没问题的。这样也不用规定每天学习多久，因为孩子会根据对作业和自己学习状况的评估，自行安排时间。

这种情况下，时间管理是表象，自我认知是内核。孩子管理的不是他的时间，而是他的学习状态。

比时间管理更深层的，是自我管理。

我自己小时候，就是这样长大的。从小学开始，父母就不过问我的作业。他们有时候会问我“作业写完了吗？作业能写完吗？”，如果我说写完了，他们就不再管，有时候连问也不问，默认我能自己做完。而我有时候放学先写作业，然后看电视，有时候先和小朋友在外面玩到天黑，回家再写作业。全程都是自己安排时间。

那这样的状态是可以培养的吗？

我自己自然不可能记得特别多小时候的事，只能从母亲的叙述中归纳总结一些关键点。而自己有了小孩之后，也在养育小孩的过程中，做了一些观察和思考。实际上，我母亲是用了“奖赏时间”的方式，让我把写作业之外的时光自由分配，这样我为了能多玩，多看课外书，就有了提高写作业速度的动力。此外，我也从个人经验中总结了有关心理方面的引导，对孩子的自我管理也会有帮助。

自我管理的两个起点

想让孩子做到自我管理，只需要这个孩子有两点特质：

一是对自己的状态有自我认知，二是对自己的成就有自我要求。

自我认知是“心里有数”的第一层：清楚自己的现状。对孩子而言，这是非常不容易的，很多孩子最大的问题就在于，你问他“你学会了吗”，“你哪儿没学会”，“你任务都完成了吗”，“你有什么困难”，他都是答不上来的。

自我要求是“心里有数”的第二层：清楚自己想怎样。不一定每个孩子的自我要求都是拿第一名，有的小孩可能满足于班上一般名次，有的孩子可能是希望自己在某一方面做到更好，或者只是简单地不想落后。

具备了这两种特质，哪怕这个孩子不是争强好胜的类型，也不是次次第一名的学霸，也可以有自我管理的意识和能力。

先来看一点稍微艰涩的理论，我再来说说我们家庭里的互动。

以下段落摘自《儿童心理学手册》（第六版）：

Kopp认为，人生的第二年和第三年是自我控制发展的关键时期。到第四年的时候，自我调节技能则变得越发成熟和自主。

自我调节能力在童年早期便已出现，并且与良好的情绪调节、道德感发展和其他的适应性特征相联系。

虽然对儿童自我调节发展的神经生物学研究仍然十分有限，但很显然，自我控制的发展与额叶皮层众多区域的成熟有关。

大量实验研究文献证明，儿童早期发展起来的自我调节能力与母亲回应性的、支持性的照看方式有关，而父母过度控制、惩罚和对孩子的负面情感与孩子的行为失调有关。

在2岁的时候，儿童不断发展的语言接受能力不仅明确了自己作为被评价对象的身份，而且他们还会通过语言来表达这种评价。这些过程促进了“概念性自我”的出现。

也就是说，孩子的自我管理能力，是从很小就开始发展的。父母多用鼓励、支持的态度，孩子比较容易获得自我管理能力，过度控制和惩罚则不利于孩子发展自我管理。与孩子的语言对话能让孩子生成自我概念。

我试着用一些事例说明一下。

孩子的自我认知，是需要通过语言来发展的。

没有人先天就了解自己，有许多人，到了中年依旧对自己懵懵懂懂，说不清自己的状态。自我认知，首先需要有一种向内看的习惯，就好像一盏内在探照灯，时不时照一照自己。

这一盏内在探照灯，是如何点亮的呢？是被对话所点亮的。当父母和孩子对话的时候，经常用提问式的语言让孩子关注他的自我状态，时间久了，孩子会把这样的思维和表达作为自己的习惯。

例如："你现在想看这本数学册子吗？"

"你刚才不高兴，是因为你觉得他说得不对吗？"

"积木倒了，你心里有挫败感，这很正常。没关系。没关系。"

"你担心自己说得不好，是吗？"

"你不喜欢这个老师吗？"

所有这些对孩子状态的问询和描述，都让孩子头脑中获得了自我认知的意识。久而久之，他可以越来越清晰地表达自己的状态，也可以开始对比自己的变化。

我女儿有清晰的自我认知萌生的过程。两岁多的时候，遇到事情只有哭、笑或愤怒；到了三岁多，可以自己表达出自己的状态，并自我安慰或鼓励，例如搭乐高失败，会告诉自己"没事，搭不好也没关系"，然后对我解释"我本来想放这边，但是一不小心碰到了那边，就给碰倒了"；到了四岁之后，她开始有"连续自我"的意识，会开始自我比较，在搭积木没搭好的时候，会说"以前小时候，我搭不好还会大哭呢，现在我就不哭了"。这就意味着，她不仅能意识到自己的状态，还能意识到自己状态的变化

那么"自我要求"呢？

"自我要求"在自我认知的基础上，增加了自我掌控的主动性。

这也需要两点，一是孩子对自身能力有自豪感，二是孩子能做到自我控制。

自豪感，也就是心理学上提到的自我效能感，它对孩子养成学

习主动性的习惯至关重要。

孩子在很小的时候，并不确定自己是不是擅长学习，擅长哪方面的学习，因此不容易对学习产生积极性。父母就需要潜移默化地让孩子感受到“我能行，我很擅长学习”，从而让孩子对于自我成就有自豪和期待。想让孩子产生这种自豪感，也需要父母和孩子进行沟通。

例如：“哇！你能把这个拼图拼起来啦！半年前还不会呢。”

“呀，这是你自己搭的吗？太惊人了！”

“这是你自己想出来的吗？简直太了不起了。”

“对，你说得对，你的逻辑能力推理不错。”

其实所有小孩子的认知发展轨迹都是差不多的。区别在于，有些孩子懵懵懂懂就长大了，而有些孩子意识到自己的进步，并对自己感到自豪。

那如何让孩子把这种自豪感转化为自我要求呢？

重要的一步，是让孩子把成就归功于自己。也就是说，让孩子不仅感觉到“我在进步”，而且将进步归因于“自己努力”。人格研究中曾发现，一个高自尊的人，会把成功归因于自身因素。

父母有的时候教孩子一些东西，很期望瞬间看到效果。但这种瞬时效果反而难以给孩子自我成就的归因。道理很简单，如果一个人按别人的指令做事情，是很难产生“我好棒”的成就感。而自己琢磨来琢磨去，把一个东西做成了，自我的成就感才强烈。

因此，父母需要保持耐心，不急于求成，把自己的功劳退隐，让孩子感到自我成就。

我并没有教过女儿学写数字，某一天问她，你会写1、2、3吗，她开始自己想，最后试了半天，在纸上画出歪扭的1、2、3，当时她喜出望外，在房间里大声喊：“我会写1、2、3啦！我会写1、2、3啦！”那种喜悦，蔓延整个房间。如果一开始一笔一画教她如何写，并严格督促完成，她是无论如何不会有这种喜悦的。

这就是自我归因的喜悦。

在自我归因的基础上，逐渐让孩子理解努力的意义，才有意义。

我们期望达到的状态是：孩子并不是因为父母的威吓、玩耍的自由、严苛的时间表而努力写作业，而是为了他自己对自我成就的期待而努力。后者是由内而外、持久不息的动力。

想达到这样的状态，我们需要从很小的时候开始让孩子建立“我能行”“我努力就会更棒”的信念。这并不容易，它要求孩子多次体会到自己的努力和取得的成就之间的联系，才能慢慢建立起信念。

总而言之，当我们督促孩子写作业时，我们需要问问自己：我们想达到的目标究竟是什么呢？

是写完作业本身，是让孩子懂得遵守时间表，还是让孩子学会自我掌控？

这就好比开车。如果目标是到达终点，那么最直接的方式就是父母做司机，孩子做乘客。如果目标是学会开车，那么父母从一开始就应该让孩子做司机。孩子也许一开始开不好车，但这是学会开车的唯一途径。父母忍不住自己爬到司机的位置上，让孩子一直做乘客，最后抱怨孩子怎么还学不会开车，不啻南辕北辙。

03. 自我驱动：父母一不在孩子就作妖，自律是“管”出来的吗

很多父母都发愁，该怎么让孩子拥有自觉性呢？每天从早到晚盯着孩子，实在是太操心了，但不盯着孩子，孩子就撒野。我常听到的一句抱怨是：“每天盯着还不好好学呢，不盯着更翻天了。”

这样会进入恶性循环。孩子会抱怨父母的管教，而父母会觉得孩子不理解自己。

这个问题有解吗？不想进入恶性循环，该怎么办呢？

这里面，其实隐含着一个假设：孩子会在父母不盯着的时候表现更差。

这个假设背后还隐含着第二层假设：人性天生都是怠惰懒散的，只有由强势监督带来的恐惧，才是克服懒散的力量。

但是这两个假设是否成立呢？堕落与监管，是否能代表人的普遍的行为模式呢？

人生的正面驱动

我们先来看三个小例子。

第一个例子：

一个女孩喜欢上同班的一个男孩。但是男孩太优秀了，学习、体育、社会活动样样都好，走到哪里都是焦点，个性又随和，深受大家喜爱。女孩觉得自己太平庸，太普通，没有任何亮眼的地方，外貌、才华、能力都不足以与男孩匹配。她的朋友都劝她表白，但她总觉得自己还没法肩并肩站在男孩身旁。

于是，女孩对男孩的喜爱从未说出口。但是她心中默默许下一个心愿：早晚有一天我会重新来到你面前，让你对我刮目相看，那时会是一个更好的自己。

女孩在接下来几年不断锻炼，让身材更完美，也开始注意审美和打扮。她很努力地学习，观察身边的榜样，假期参与多份实习，大学毕业之后得到竞争激烈的高薪工作，逐渐在工作中变得谈吐练达，优雅大方。

终于有一天，她可以闪亮地站在他面前了。

故事的后续就不是我们在这里要关心的问题了。

第二个例子：

一个男孩，跟同伴一起学吉他。在学习的时候，男孩总是感觉紧张，老师让他单独弹的时候，他常常出错，学习新的和弦也往往是最慢的。班上的同学才华横溢，有的一点就透，有的直接就可以弹奏曲子。

可是男孩并不想认输。他是那种不轻易做一件事，但一旦开始就不会放弃的人。他太想做好，因此做不好就很容易沮丧，因而在他人面前紧张，学习新东西也不快。

但他的个性决定了他会刻苦练习。他悄悄在没有人的时候练吉他，练习室没有空调暖气也无所谓，每一次学了新东西，他都会在所有人离开之后练习很多遍。

坚持了很长时间后，他终于获得了一个音乐节上的演出机会。

他的演出结果就不是我们在这里要关心的问题了。

第三个例子：

公司里新来的一个男孩，在各种会议上讲话都不多。老板希望调动员工更多的积极性，于是单独给男孩布置任务，男孩也不像其他员工一样说“老板，您放心，包在我身上”，而是想了想说“这件事，我觉得可行性比较低，不过我回去想一想吧”。于是老板就没有给他任务。

后来，老板对他失去耐心，合同期满就没有续聘，直接解雇了他。

男孩又在另一家公司找到了工作。新的老板问他能不能接一个新项目，他仍然说要想想。这一次，老板给了他一周的时间考虑，他用这一周的时间列出这个项目面临的挑战，对竞争对手和自身实力进行了分析。老板很赞许，就让他去写详细方案。

老板给了男孩两周的时间写方案，其间，老板并没有问他进行到什么阶段了，也没有派人监管。在商定的提交日，他拿出一份十五页的详细文档，从整个行业的分析数据，到详细策略方案，遇到各种问题的备选预案，全都有。当时惊艳了整个部门。

在现实中，人最勤勉上进的时光是独自一个人的时光的例子有很多。在没有人看见的时候，我们会默默为了心中某个目标努力。

这是为什么呢？为什么会有独自一人却不贪婪堕落的时光呢？

因为这些时光中最重要的不是外部监督，而是内部驱动。

在第一个例子中，驱动女孩的动力，是获得自己心中觉得最重要的人的认可。她是渴望联结的人，但渴望的是建立在尊重和认可之上的联结。

在第二个例子中，驱动男孩的动力是他的兴趣和好胜心。他因为对结果敏感，对失败的反应很强烈。但是正因为这种好胜心，他愿意不屈不挠地尝试，独自尝试不放弃。

在第三个例子中，驱动男孩的动力是他心中的责任感。他不太轻易答应一件事，因为他觉得如果有可能做不到，那就不能轻易应允。然而他应允的事情就一定会全力以赴去做到。他不喜欢别人时时监督，因为他觉得那是对他不信任。而获得别人的信任是他心底最在意的事。

这些驱动力是什么呢？获得重要的人认可、兴趣与好胜心、责任感。

事实上，人心深处的驱动力很多，恐惧只是其中一点。其他驱动力包括对自我成就的渴望、对荣光的追求、对爱的期待、对朋友的在意、对心中价值观的坚持、对全新理念的跃跃欲试等等。一个人往往是在这些正面驱动——对正面价值的追求——的主导下，才会走出自己独特的路。

怎样培养一个自觉的孩子?

我们可以回忆一下,孩子在生活里,有没有那些被内在力量驱动、沿自己的轨迹成长的时候呢?

有没有这样的时刻：你教他一项技能，当时他学不会，怎么都做不好，你想帮他，但他由于挫败感，大哭起来，怎么都不肯继续了。可是之后的某一天，也许是几周，也许是几个月，你突然发现，他已经熟练地掌握了那个技能。你不知道他是在何时练习的，你只知道那一定发生在你没有监督他的时间里。

有没有这样的时刻：你跟他约定了一件事，你答应他，如果做到了，就给他买想要的东西。而你仍然不放心，还是随时观察他在怎么做，并想要提意见，而某一刻他突然大哭起来，大声朝你喊道：“我本来就是想这么做的！”

如果有，那么恭喜你，你看到了他的内心驱动力。

在所有这些时刻，驱动他的力量有兴趣与好胜心、责任感等，与成人无异。而在他生活中的其他时刻，还会有许许多多种内心驱动力：对自我、对成就、对情感的追求。那是他对人生的稚嫩感觉，也是伴随他成长的最核心力量。

那父母该如何培养一个有自觉性的孩子呢?

最重要的一点，就是识别出孩子幼时那些内心驱动力的火种，并呵护鼓励它们的成长。

孩子内心的小火种，都是零零星星的火花，哪一个得到了保护，哪一个就能慢慢燃烧为稳定的火焰。但另一方面，那些火花也非常容易熄灭。

认知心理学的专家，大都认为最高效的学习是强化。当一个人随机做一些事，其中某一件事获得了正反馈（好评、鼓励、奖赏等），那么这件事就非常容易获得重复，从而熟练掌握。这里面最重要的是，行为不是被强迫的，而是一个人自发随机做出的，其中有些行为获得鼓励，因而得到加强。这种“尝试—反馈”正是我们日常学习的方式。

孩子从很小的时候开始，就会在家中做出一系列随机行为，可能是独自玩耍、求人陪伴、开心胡闹等等，可能偶尔他突然想展示自己的能力，获得父母的认可，于是他在父母不注意的时候做事，想要得到一种“我能行”的骄傲感。

这也许只是他每天多种行为中随机的一种，但如果父母能辨认出来，表现出大大的鼓励，孩子这偶然的能力就获得了一次强化。

人的自我驱动源于自我感知，源于对“我是谁，我能做到什么”的认知。在人的一生中，这种感知是行为决策的心理基础。

那么，在生活中，父母应该放松监管吗？

这个问题，或者应该换一种问法：父母敢不敢相信，在那些他们看不见的时间里，孩子仍然可能更好地成长？

或者再换一种问法：父母敢不敢给孩子一些时间，让孩子与他的自我共处？

这个问题的答案，取决于父母对孩子的感知，以及孩子的自我感知。如果父母不敢给孩子机会，多半是源于他们自身的某些惶恐。而如果父母希望孩子能够自我成长，那么最好的办法，就是给孩子属于他的时间。

孩子的大量成长，发生在那些你看不见的时间里

我曾经在女儿一岁多时教她该如何把不同形状的玩具塞进相应形状的孔里，但是怎么教，她都还是做不对，于是我放弃了，忘掉了这件事。她也对这个玩具失去了兴趣。后来突然有一天，我看见她自己灵活迅速地把所有形状的玩具塞进正确的孔里，我那时突然清楚地看见了那些我没注意到她的日子里，她自我探索的力量。

父母能做的，实际上就是发现这些微小的时刻，辨认出孩子一个人努力长大的痕迹，加以确认和鼓励。当他无比兴奋地跑过来展示“我自己穿的袜子！”时；当他努力拼凑冰箱贴，试图把它们排列整齐时；当他经历了失败之后又一个人偷偷重新开始游戏时……这些时候，我们要做的就是告诉他：“你能行，你能行，你能行，我看见了，宝贝。”

那些自我确认的过程，也是自我质疑的过程。经历很多次，才会内化成孩子心里的自我感知，成为日后推动他自我追求、自律自觉、自我超越的基本动力。

从孩子出生到上小学这六年，如果问我启蒙什么东西最重要，我会说：自我感知。

给孩子你故意转过身、没注意他的时间，让他在全然自在的状态下探索，然后给你一个“Surprise（惊喜）!”，跟你一起露出会心的笑。

那个时刻，他的笑容会点燃他心里的光。不管他人生长河中经历多少起起落落，这些内心的光仍然会伴随他左右。

那个时刻，他的笑容也会照亮你曾经独自求索的时光。

04. 阅读启蒙：让孩子爱上读书，好的阅读是写作的前提

我上学的时候，语文课上讲小说，通常只是介绍一下作者的国家、写作年代、历史背景、表达的道理，很少会去分析故事的内在情感与结构。

那段时间，我写小说并不知道如何去下笔。即使是新概念获奖的作文也只是平铺直叙，从中学到大学，我都曾想要写长篇小说，但摸索来摸索去，一直不得要领。后来到了研究生一年级，我跑到中文系旁听格非老师的小说课，又在格非老师的介绍下读了一些文学批评，才开始明白小说的内在精华。

是从表面还是从内在理解故事，产生的效果是非常不同的。我先举一个简单的例子，下面这两段是对一部小说的两种描述方式，看看哪一种描述方式更吸引人：

“小说通过孤女的自述，描绘了在金钱支配一切的资本主义社会里女性的曲折遭遇。孤女的遭遇是十九世纪中叶英国下层人民苦

难生活的真实反映。作者热情歌颂了她争取妇女平等的社会地位和幸福生活所进行的斗争。”

“小说描述了一个年轻姑娘的故事：一个没有背景又不漂亮的姑娘，在繁华的名利场，在势利的钩心斗角中如何生存，她能否在保持尊严的同时又获得幸福。小说更探讨了更深层的问题：地位相差悬殊的人，能否有平等的精神与灵魂。”

两种描述都是关于《简·爱》。

把一部小说讲述的事件归结于某一国家、某一年代有其道理，但最大的问题在于，会让没有读过书的读者觉得：“这又不是我自己国家的事，又不是那个年代了，还有什么好看的。”这就会让人错过绝大多数的好书。

关于人，关于人的命运，关于人永恒的境遇、困惑、选择与情感，这才是文学的力量，也是经典之所以成为经典的原因。

该如何让孩子爱上读书呢？

如果不理解一个东西，是很难爱上它的。如果告诉我一本书是讲“具有中等数目基于局部信息做出行动的智能性、自适应性主体的系统”，我是不会愿意看的，而如果告诉我一本书是讲“杂乱中如何诞生秩序”，我就会很感兴趣。虽然两种说法都是描述“复杂系统”，但只有后一种说法是我能理解并且感兴趣的。

时常有父母问：该如何让孩子爱上读书呢？答案其实也不难想，

那就是让孩子真正理解书中的意思，对其发生兴趣。但是父母在生活里时常用奖惩让孩子读书，例如制定读书目标、读书奖励、读书惩罚，或者用打卡等方法督促孩子坚持。但实际上，这些都属于外部激励，即使孩子做到了，也并非发自内心渴望读书。

真正渴望读书，都是对书中探讨的内在问题感兴趣，才产生自发意愿。

对于孩子来说，他捧起武侠小说的时候，真的不是因为读完这本书能够获得一块糖，而是因为他想知道主人公今天有没有找到那本武功秘籍。同样的，如果他关心宇宙，无须奖惩也会愿意捧起关于宇宙的书。

该如何让孩子理解文学故事呢？

其实，这和让我们成年人理解文学没什么不同，就是找到文学故事中的核心点。

核心点就像是龙卷风中心的那个风暴眼，一切的旋涡都围绕它旋转。核心点越令人关心，整个故事就越令人揪心、越令人沉浸其中。

核心点是没有正确答案的选择，是令人关心的隐藏答案，是一个人面对世界的内在困扰。核心点是和人心深处的永恒问题相关，即使换了时代、换了境遇，那些问题也仍然存在着。

以一个孩子们都喜欢的电影《冰雪奇缘》为例。《冰雪奇缘》讲了艾莎公主因为冰雪魔法而被王国排斥，一个人远走孤山，最后又在妹妹的召唤和敌人的入侵下，回到王国的故事。这个故事几乎所有小朋友都喜欢，尤其是女孩。

《冰雪奇缘》中的核心问题是：当一个人与众不同且被人排斥时，他该如何做？

这个问题并不是艾莎自己的问题，而是每一个个体都可能遇到的问题，也是跨越时间的永恒问题。

当我们真正拨开时代和地域的外衣，找到故事里那些我们真正关心的问题，我们才会领悟到那些故事的好，而真正的好故事，都是有关于人本身的，是对一个人该如何在这个世界上生存的一种回答。

孩子也可以读懂文学

我们在学校学习了很多技能和知识，但往往很少涉及那些对人一辈子有重要影响的问题——一个人如何面对自我、面对周遭环境等。我们在成长的过程中，最感兴趣的问题莫过于和同学老师的人际关系、未来的人生选择与命运等等。而在试卷和公式概念中，找不到对这些蛛丝马迹的指点。

能让人深入思索人生问题的东西，就是文学。文学把人抛入一个又一个不同的境遇，让人遇到一个又一个不同个性的人，体验一种又一种不同的生活经历。历经过多种人生后，自己再走入生活的时候，不知不觉就带有了多重阅历。

经典文学之所以经典，就在于它对人与人生的理解是立体而真实的。这种真实不在于提出一种理论解释所有现象，而在于能够超越所有理论，把复杂的现实写出来。

从这种角度上，阅读文学作品，比所有的情商教育更有助于人理解情感人生。

这就是为什么，我想给孩子讲讲文学，因为我想让他们对人生多一点理解。

肯定会有人问：孩子真的能够理解故事里的人生吗？

其实孩子的思考与领悟能力常常超过大人的预期。人在成长的过程中，技能累积了很多，但对人事与情感的敏感度未必增加多少。一个小小的孩子，已经是一个完整的个体，他们在失落的时候能够体会到心碎，在遇到羞辱的时候能够体会到尊严，在选择好朋友的时候能够体会到忠诚。他们不是残缺的人，他们是一个完整的生命。

有很多实际案例让我看到孩子们的思考能力。在一次松花湖的营地活动中，我和孩子们面对面坐下，讲《绿野仙踪》这个故事。

我问：桃乐丝、稻草人、铁皮人、狮子都想追寻什么？

孩子们说：桃乐丝想回家，稻草人想得到脑子，铁皮人想得到一颗心，狮子想得到勇气。

我说：没错，他们每个人都有自己想要追寻的东西，这叫作动机。好故事里的人物都有自己的动机。那么他们最后得到了吗？

孩子们说：得到了。

我问：他们最后得到的是奥兹国王给他们的吗？

孩子们说：不是的，奥兹国王是一个骗子。

我说：没错，奥兹国王是一个骗子，那你们觉得奥兹国王是一个坏人吗?

一个孩子说:不是的,奥兹国王当时也是没办法,只能这样做。

另一个孩子说:他不好不坏吧,就是一个普通人。

我说:那我们也看到了,奥兹国王并没有给他们想要的东西。那他们是不是白去一趟了?是不是还不如在家待着,不经历这么多危险的事?

一个孩子说:不是呀,如果在家待着,就没机会去冒险,不去冒险又怎么会获得脑子和勇气呢?勇气是在冒险的时候才获得的。

我说:是的,没错,你回答得非常好。《绿野仙踪》中的每个人都有自己想追寻的事物,而最后不是哪个仙女或大魔王帮他们实现了愿望,而是他们通过自己的冒险实现了愿望。所以这是一本关于成长的书。我也希望你们在成长的过程中获得自己想要的东西。

孩子们不仅能够理解复杂的含义,而且可以辩证地看待人物,还可以理解事件的缘由。后来,我收到一个妈妈发来的信息:景芳老师,你讲《绿野仙踪》的时候,我的两个女儿并没有完整看过,但是她们知道这是关于成长的故事之后,每天都缠着我讲这本书。

我收到这样的信息感到很欣慰。我一直相信,好故事里的内在核心是动人的,只要孩子能听懂,他们就会喜欢并长久地记得。

很多时候,孩子比成年人对生活里的情感和关系更敏感,在故事里比成年人更容易读到人生,读懂人生。

说到底,故事就是人类理解自己、理解世界的方式啊。

《人类简史》的作者尤瓦尔·赫拉利最著名的一个论点就是:

人类文明奠基于故事之上。正是因为拥有讲故事的能力，人类能想象不存在的事物、信仰看不见的精神、建立无法触摸的契约，最终才可能建立庞大而复杂的现代文明。对于动物和机器而言，输入的信号和输出的信号只是碎片信息，输入与输出也只是机械反应，一切都只是信号。但是对于人类而言，我们能把输入的信号在脑中经过酝酿整合，讲成故事，从而为世界赋予意义。

故事可以赋予世界意义。读懂故事，会让我们获得审视生命的能力，最终获得审视自我人生的能力。

我相信，只有真正理解文学，才会深爱上阅读。这不是任何外部奖励能引起的内心兴趣。而爱上阅读，会给孩子打开广阔的世界。无论是对孩子未来的语文学习和写作，还是对孩子的成长，文学和阅读都可以给孩子巨大的馈赠。

第四章

妈妈也在成长

04

那些我们都曾面对的难题，让我们和孩子更亲密

无论你是职场妈妈，还是全职妈妈，孩子带来的挑战，都是相同的。生活中我们和孩子会面临一些困境时刻。当孩子面对困境，很容易爆发出糟糕的情绪，进而把我们拖入困境，不知道如何处理。孩子在困境中举止会失常，时常显得格外顽劣，引起我们的愤怒。所有的困境时刻，其实也是亲子关系的关键时刻。困境就意味着有某些问题需要解决，如果无视这些问题，就会导致亲子关系疏远；如果积极解决这些问题，就会让我们和孩子的关系更加紧密。

01. 入园焦虑：我也曾和你一样孤独

异国他乡的孤独

在我女儿三岁的时候，我去哈佛大学做访问学者，带着她一起。白天因为我需要工作，就把她送进了附近的幼儿园。第一周去上幼儿园，大人会陪着，只去两个小时就回家。第二周是正式入园，这一周女儿在幼儿园情绪很好，每天去接她的时候都能看见她玩得自得其乐，老师也说晴晴很乖，这让我以为万事顺利。

第三周周一的早上，危机爆发了。女儿吃早饭的时候看了一会儿动画片，然后就不愿意出门了。关掉动画片时她大喊大哭，出门前趴在地上，显得格外赖皮顽劣。去幼儿园的路上她一直在抵抗，抱怨我不让她看动画片。到了幼儿园她说“我太困了”，不愿意进去，还说“早知道今天不来上幼儿园了”。我把她抱进幼儿园的大门，她不愿意进教室，在楼道里耍赖。

起初我以为是周末出去玩得太开心了，或者是看动画片看得太上瘾了，于是只想着让她收敛心神就好了。但是渐渐地，我感觉她的情绪不太对。于是我带她在楼道里的沙发上坐了下来，试图跟她谈一谈，安抚她的情绪。

没想到，这一坐，就坐了很久，我们谈了将近一个小时。

女儿：妈妈，我今天不上幼儿园了行吗？

我：但是今天是周一啊，周一到周五都要去上幼儿园的。

女儿：为什么周一到周五要上幼儿园啊？

我：一个原因是，大人周一到周五要上班。如果小朋友不去幼儿园，那就没有人照顾了，所以小朋友周一到周五得去幼儿园。

女儿：妈妈，大人为什么周一到周五要上班啊？

我：因为我们这个社会，每个人都要工作，才能挣到钱。挣到钱了才能买东西，才能吃好吃的，才能出去旅行。

女儿：旅行不需要花钱。

我：旅行为什么不需要花钱？旅行需要买机票，住酒店，吃饭，还要买门票。

女儿：就是不需要花钱。

我：为什么不喜欢上幼儿园？

女儿：课上得太多了，玩得太少了。

我：老师上课都在讲什么？你上课时都在做什么？

女儿：我就坐在那儿，想北京的家里的事。

我突然意识到，她说她上课时想北京的家里的事情，是因为她听不懂老师讲课，因此给自己找一些能安抚自己的事情去想。她坐在一个陌生群体里，一定是很努力地让自己克服不安。

因此，我决定给她讲一下我当初在英国的经历。我九岁的时候跟着父母去英国，当时英语零基础，直接进入英国的小学学习，后来虽然日常对话可以跟上，但大多数时候还是听不懂课堂上老师所讲的内容。那段经历对我来说，也很难熬。

我：我给你讲一个我在英国的故事吧。

女儿：好的。

我：妈妈九岁的时候，曾经去英国生活了一年，进英国的小学读书，当时我的英语还没有你好，最开始什么都不会说，上课的时候也听不懂。当时我很害羞，听不懂也不好意思跟老师说，就看其他同学做什么我就做什么。有一次，老师在班里讲一个有关古希腊的故事，讲完了让大家根据这个故事写文章，我完全没听懂，因此什么也写不出来。老师在班里转，走到我旁边发现我没写，问我为什么不写。我才说我听不懂……

我：当时老师问我，你听不懂为什么不问我呢。我说我不好意思。老师跟我说，听不懂没关系，听不懂可以告诉老师，老师会帮助你。可我当时就是不好意思开口。所以，女儿不好意思开口是正常的。但是，你要相信妈妈，会好的，一切都会慢慢好起来的。

我把她抱在怀里，我们就这样坐在楼道里。我明白这是我们的联通时刻。我明白了她的尴尬和退缩。她看上去一切都好，也能在班里玩玩具，参加集体活动，听老师指令，全天情绪平稳，配合老师。所有这些，看上去都很好。但是行为上适应不等于情感上适应，很多时候，我们的行为适应恰恰是在压抑情感上的不适应。而那些涌动的情绪——害羞、胆怯和挫败，即使压制住了，也还是在心底里存在的。

有的时候，我们太容易关注孩子行为的适应了。我们要求孩子乖乖地听话，不吵不闹，遵守父母安排，遵从老师指令，守秩序，跟他人和睦相处。但这种行为良好完全不等于内心万事无虞。我们回想自己的成长经历就知道，有多少时候我们表面上看上去按部就班、一切都好，可是心里的不适应却一直在被压抑。

孩子是怎么都能长大的，我们也跨过那些心里的不适应，跌跌撞撞长大了，渐渐都忘却了。可是在偶尔那些我们真的放下管教责任，去体会孩子心情的时刻，才能想起来，那一切的不适应都是存在过的。我们也曾那么孤独、那么羞怯，受了委屈无处诉说。而这一切，远比所有的教训更能让我们抵达孩子的世界。

我们忘了，我们也曾和他们一样孤独过。

听懂孩子说不出来的困扰

女儿的情绪渐渐平静了下来。

我：读书上学，能让我们以后成为自己想成为的人。我小时候最想做一个宇航员。你以后想做什么呢？

女儿：我想做大力水手。

我：好的呀，可以的。那么你就要知道，一个水手需要学哪些知识。比如需要学习海洋的知识，天气的知识，船的知识。

我：现在可以进班里了吗？

女儿：再聊两分钟行吗？

我：好的。

女儿：在班里，如果我想跟其他小朋友聊天，怎么办呢？

我意识到，女儿在小心翼翼地表达她社交上的困难。她想说的，应该是不知如何跟其他小朋友交流，或者是之前的尝试遇到了挫折。

我：你可以在拿着玩具的时候，问问他们手里的是什么。这样就可以开始聊天了。或者，如果你想跟其他小朋友玩，你可以说，我能和你们一起玩吗？

女儿：我只能说得特别小声。

我：小声说也没关系。

女儿：那他们听不见怎么办？

我：那你就稍微大点声。

女儿：我不能大点声。

我：你是觉得不好意思吗？

女儿：是的。

我：你大一点点声音，没关系的。你就说，我能和你们一起玩吗？或者，我能加入你们吗？你知道加入是什么意思吗？

女儿：就是一起玩的意思。

女儿：还有，班里太吵了，我喜欢安静。

我：你可以一个人坐。

女儿：不可以一个人坐，大家都坐在一起。班里还有好多个小淘气，怎么办？

我：每个班都有小淘气，你可以选择不和小淘气一起玩。

女儿：班里有十几个小淘气呢。

我：那你是小淘气吗？

女儿：我本来想做乖孩子，但是其他小淘气带我一起玩，我就也淘气了。

我：那也没关系的。

女儿慢慢让她心里的纠结之处一一流淌出来，在那些细微的话中，我能感觉到她说不清楚的所有困扰。上课听不懂，不好意思与老师交流，自由活动的时候找不到小朋友玩，试图交朋友但失败，自己待在安静的角落又时常被打扰。这些常见的小小障碍，对这么小小的人儿来说，是要独自面对的天大的挑战。

我：那我们现在可以一起到班里了吗？

女儿：可以了。

她蹦蹦跳跳推开了教室的门，回头向我说拜拜，声音轻快。

后来，她每天早上到幼儿园都是直接进班里，再没有过迟疑。

某一天下午，老师告诉我，女儿在班里开始说话了，说了很多话。

有一个小男孩拒绝分享玩具，女儿叉着腰说："这不对！"老师很惊喜地说道："你做得真棒！"

事情就这样告一段落了。但那个时刻会一直铭记在我心里。

孩子，你可以不开心

有的时候，我们太过于关注"应该如何做"，而跳过了"发生了什么"，然而在孩子的心里，他们不是不知道"应该如何做"，而是在意这个过程中的感受。

有一次，女儿遇事不顺，哭起来，我又像往常一样教育她不要哭。但她哭得更厉害了，还一直在发脾气。我问她为什么生气，猜来猜去她都说不对不对。最后，我问她："是因为我不让你哭吗？"她说："是的。就是这个理由。"

奇迹般地，当她说完这句话，她就不哭了，安静下来了。

到了幼儿园，她又说了一遍："妈妈，刚才我不高兴，是因为你不让我哭。"

很多时候，孩子会流露出负面情绪。而我们常常不允许这种流露，希望将其压制和消弭。可是情绪在心里，是消弭不了的。压下去的情绪会积蓄成更强的爆发，孩子对于压制的反应会更剧烈。

其实他们的心里就只有那一点点小惊惶和小难过，就像我们曾经在那些孤独时刻的感受一样。他们需要的根本不多，只是我们一句安抚的话：你可以不开心，难过也是正常的。

然后，那情绪就如春天的寒冰无声消融了。

02. 二胎家庭：当二宝到来，大宝想问的其实是这句话

很多人问我：有了二宝感觉怎样？大宝和二宝相处还好吗？

我每次都回答：到目前还好。

确实是到目前为止一切都好，姐姐晴晴很喜欢弟弟点点，总是放学回家就大声跑过来，大喊着“小点点”，然后就抱着弟弟又搂又亲。晴晴偶尔去姥姥家住，晚上视频通话，最想看的也是弟弟点点。在家里玩的时候，也经常说，“小点点怎么这么可爱呀”。

因为姐姐对弟弟的友好，我们省去了很多烦恼。不需要把两个孩子隔离开，不需要调停两个人的矛盾，有时候还能让姐弟俩自己玩，我们可以忙一些别的事情。我和先生带姐弟俩出门旅游也都很愉快。

这是如何做到的？有没有什么困难呢？

当然有过问题，也有困难。我今天就来简单回顾这个过程，有经验，也有问题和领悟。任何人不可能一帆风顺，都有经历困扰的时候，希望我的分享能够对你有所帮助。

如何迎接二宝的到来

我为什么决定要二宝呢?

完全是计划之外，本不想要，自然到来。既来之，则安之。很多时候，事情并不是那么“按计划”进行，生小孩的事情更是如此。

在怀二宝之前，我和很多妈妈的心态一样，担心大宝心理抵触，担心两个孩子未来打架，担心占用自己太多精力，担心家里没人能照顾，担心开销过大……因此根本没打算要二宝。刚怀孕的时候自己并不知道，还常去健身房，每次跑五公里。再加上当时忙，生活状态不规律，睡得少，还时不时喝酒。

就在这样的状态下，二宝还是来了。给我一种“这个小可怜，如此紧紧地抓住我，我怎可负你”的情感冲动，心里接纳了他的到来。

如何让大宝也接受这个事实呢?

当时我一个人在美国带着女儿，边做研究，边照顾女儿。我起初也忐忑不安，不知道要怎么告诉她，但某天晚上我直接告诉她：“妈妈肚子里有一个小弟弟，你就要当姐姐了。”她当时愣了一下，然后笑着说要摸摸我的肚子。

这件事就这样简单地过去了，也出乎我意料。我们两个人的生活并没有受到影响，我还是会在晚上躺在被窝里给她讲故事，早上拖着赖床的她连哄带骗送到幼儿园。

后来想想，有这段相处的时光，是有好处的。也就是说，并非从我一开始怀孕，就切断了和女儿的日常联结。如果是那样，孩子很可能会产生失落感，在潜意识里怪罪弟弟，然后产生抵触情绪。

整个孕期都是我和女儿单独生活在一起，女儿陪我一起看着弟弟在肚子里孕育的过程。这个过程产生的亲密感对后来的平稳过渡，或许是颇有好处。

人与人之间的关系，很微妙的就是“此岸感”和“彼岸感”。如果一件事，能让一个人觉得他和你站在同一岸，共同看着对岸，那么什么分歧都容易解决。

没有因怀孕而将大宝推开，让大宝参与到等待的过程中，对于迎接二宝的到来，或许颇为重要。

给两个孩子分别的专属感

很多父母在二宝出生后，担心两个孩子之间会有冲突，因此非常强调家中的“公平感”：每一样东西，都一人一份；每一件衣服，都尽量一人一件。

这样的方式可行吗？有的时候可能是可行的。但有的时候，越是强调公平，两个人却会觉得越不公平。

原因在于，每个人原本的性情和喜好不一样，想要的东西就不是一样的，越是试图平均，给每个人都一样，可能越是谁都不满意。

我记得几年前在一本心理学书上（很可惜忘记是哪一本了），看到过一个观点，当时就让我醍醐灌顶。书上说，每个孩子需要的可能不是公平，而是更需要独属于他自己的专属感，每个孩子都需要单独和父母相处的时光。

举个例子，追求公平感的家庭，如果买礼物，可能会给两个孩子每人一个泰迪熊，或者每人一个水晶相框。而照顾孩子专属感的家庭，可能会单独陪一个孩子买一个四驱车，再单独陪另一个孩子买三根糖葫芦。追求公平感的家庭，会强调相互比较，一碗水端平，照顾孩子专属感的家庭，会避免比较，认为事物是不可比较的。

我肯定属于强调独特性和专属感的妈妈，如果两个孩子都得到了心仪的事物，四驱车和糖葫芦又怎么能比较哪个更珍贵呢？也许一个孩子只希望父母陪自己一下午，什么都不要，那么这一下午的时光，和四驱车，又怎么能比较哪个更珍贵呢？

得到自己想要的，就是最珍贵的。

弟弟出生之后，给姐姐的陪伴时间肯定会有所减少，这是不可避免的。为了减少姐姐的失落感，我在几个方面做了一点点努力。

首先是分床的准备。弟弟出生之后，因为我要夜奶，所以弟弟必须跟我们睡。但是姐姐之前都是一直跟我睡的，该如何解决分床的问题呢？

为了让姐姐感觉她的分房睡是“升级”而不是“降级”，我们给姐姐重新装修了房间。我们给她的房间贴了漂亮的壁纸，并且买了一个双层床。双层床是原木质地，一侧有一个滑梯。女儿看到自己的新卧室的时候，喜欢得不得了，吵着闹着要睡自己的双层床，完全没感觉到离开父母的恐慌。

与此同时，弟弟继承了姐姐旧的小床，和我们的大床放在同一个房间。姐姐刚开始在兴奋中，很喜欢自己的新房间，直到大半年之后，才开始频繁要求到我房间睡。

其次是在晚间用比较多的时间专陪姐姐。姐姐要去上学，弟弟白天全天在家，和妈妈有很长时间的专属相处时光，当姐姐放学回家，如果能给姐姐一种感觉——父母对自己的陪伴跟过去基本上是一模一样的，那么姐姐也就不太会排斥弟弟的存在。我尽量让阿姨在晚间多照顾弟弟一些，自己能相对专注地陪姐姐玩耍。

每天晚上，当弟弟睡着，我就来姐姐房间里，陪她睡觉，跟她一边听音频，一边聊天，有时候会聊很久。这个时间是完全没有弟弟存在的专属时间，也是她最喜欢的时间，她有时候躺在床上，和我聊一个多小时也聊不完。

“妈妈，你真的有一艘故事飞船吗？”

“有啊。”

“在哪儿啊？我怎么从来都没见过？我能坐吗？”

“当然可以啊。”

最后是在弟弟出生之后，和我先生做好分工。弟弟小的时候，很难长时间离开我，因此自然是我陪弟弟多一些，爸爸陪姐姐多一些。每到周末的时候，我家阿姨歇班，就只有我和先生两个人带两个孩子，先生带女儿去公园或操场玩一整天，我就可以和弟弟在家休息。对爸爸而言，有更多和女儿单独出去玩的机会，也让他父亲的自我认同感大大加强。

弟弟的专属感从何而来呢？母乳喂养的孩子，天然就有专属感。夜晚也是我陪弟弟睡，夜晚陪睡是感情联结的重要方式。

不把良善当作理所应当

除了给两个孩子分别的专属感空间，还需要在两个孩子相处的时候做很多调节。

当家里有了二宝，很多长辈都开始要求老大要有责任感。有的家庭会要求大宝谦让懂事，有的家庭会要求大宝照顾二宝。但实际上，老大没有这个义务。兄弟姐妹，从道义层面固然要相互支持、不相互伤害，但这只是非常基本的层面，并没有道义上的法则说，年长的孩子必须牺牲自己的利益，或者照顾年幼的孩子。

如果大宝关心二宝，那不是理所应当，而是因为大宝良善。

这一点在生活里蛮重要的。只有意识到这一点，才能看见孩子做出的努力。

姐姐在弟弟小的时候，当弟弟哭起来，会想办法让他停下来，例如回自己的房间，把自己的毛绒玩具拿过来，或者给弟弟把床铃的音乐打开，坐在一边说“小点点，别哭了”。虽然很多时候弟弟的哭是因为饿了困了，姐姐并不能帮上什么忙，但这个时候表扬她，对她一直保持友好良善还是很有作用的。

其实这是一个心理定位的问题，父母心里都会有行为的基准绳，根据孩子行为在这条绳之上之下来决定是表扬还是批评。将准绳降低，不把很多事当作理所当然的义务，反而能看到孩子很多闪烁的善良。兄弟姐妹之间，谦让也好，分享也好，并不是非做不可的义务，如果孩子不愿意，也是正常的。

只有这样，才能珍视孩子那些自发的善意。当善意被看见，被珍视，才更容易延续。

孩子有表达情绪的权利

做了这些努力，两个孩子之间就没问题了吗？

也不是的。两个孩子仍然会有一些小摩擦，随着弟弟逐渐长大，破坏力加强，对姐姐的干扰能力直线上升，他们之间的矛盾也会加剧。有时候是弟弟追着姐姐，对姐姐做的事情感兴趣，例如姐姐画画时要去抓姐姐的笔。姐姐只好大叫："快把他抱走！"

这些时候，让小孩将情绪表达出来是好事。没有谁能永远没有负面情绪，也没有谁和谁能永远无矛盾，甚至讨厌一个人都是正常的情绪反应。

弟弟刚出生时，姐姐在弟弟吃奶的时候，总是跑到我的身边，靠在我身体的一侧。有时候还会干扰弟弟吃奶。即使爸爸不让她过来，她也总是突破阻拦，凑到我和弟弟身旁，做一些捣乱的事。

有一次我问她，"看弟弟吃奶，你会生他的气吗？"

她摇了摇头。但想了想说："可是我好羡慕他呀。我好羡慕呀。"

"可是你小时候也经历过呀，我也是这样喂你吃奶。在弟弟出生之前，我们有四年时间都是单独在一起的。你和妈妈的记忆永远比弟弟多四年。"

"可是，"姐姐接下来这句话让我突然有点心疼了，"从弟弟出生之后，我就不存在了，我变成空气飘在空中了。"

我听了，把姐姐搂得紧了一点。有时候，一些客观的情况是没办法改变的，但能让主观情绪表达出来，就是对这情绪的容纳和抚慰了。

除了个别时刻，姐姐还是非常喜欢弟弟的。每天早上，听到弟弟的声音，姐姐立刻就醒。“妈妈！让我跟小点点玩一会儿吧。”“妈妈！快让小点点到我这儿来！”但是，随着小点点的破坏力越来越强，行为也越来越莽撞，惹姐姐生气的时候也就越来越多。姐姐于是给他起了无数外号：“小屁讨厌”“臭屁点”“脏脏点”……

有一天，姐姐问我：“妈妈，为什么我有时候这么喜欢弟弟，有时候又这么生他的气呀？”

我说：“这是正常的啊，你越是喜欢一个人，越容易生他的气。”

“妈妈，你好幸福啊，”晴晴说，“左搂一个，右搂一个。”

“是啊，我好幸福，我太幸福了。”

在弟弟出生后的大半年，姐姐都没有什么情绪上的不愉快，该玩什么玩什么，我去照顾弟弟的时候，她也能自己玩得很开心。但是最近两三个月，两个人打架的次数明显增加，姐姐有时候会使劲拍弟弟脑袋，也不让弟弟跟我接近，晚上一定要到我房间睡。

我对姐姐的变化有一些困扰。虽然我也知道，兄弟姐妹之间有冲突是很正常的事情。按斯蒂芬·平克的理论，兄弟姐妹之间的关系主要就是共享基因的相互扶持，以及生存资源和父母精力的相互竞争。但我一直觉得，兄弟姐妹之间有更加微妙的一些感触。而且我很想知道，造成姐姐态度微妙转变的来源是什么。

直到有一天，姐姐突然问我：“以后弟弟会喜欢我吗？”

我愣了一下，说：“他当然喜欢你啦。”

“他真的喜欢我吗？”

“喜欢呀，”我说，“你觉得他不喜欢你吗？”

“那为什么他都不跟我玩？”

“如果他不喜欢你，”我问，“那你还喜欢他吗？”

姐姐很傲娇地噘起嘴：“那我也不喜欢他啦！”

那个时候，我突然想明白很多事情。姐姐之所以在弟弟出生后的前九个月对他特别好，可能很大程度上也跟我们对弟弟的描述有关：“你看你有个小弟弟了，等他长大了，他肯定特别崇拜姐姐，等他会走了，他就成为你的小跟屁虫，处处学你。”或者：“你看弟弟好喜欢你呀。他看见你就笑了。”

所有的这些描述，在某种程度上也是真的。但从另外的角度，这些描述也不能算是真的。当弟弟太小，还不能表达自己的想法的时候，只是躺在床上任由我们解读，他也提不出任何反对意见。

直到最近，当弟弟行动自如，越来越有自己的小脾气、小主见的时候，姐姐忽然发现，他并没有像她想象的那样喜欢跟她玩，相反，常常是把她推开，不让她抱他。

从成年人的角度，只会看到弟弟懵懵懂懂，一脸呆萌，不知道发生了什么。但是从姐姐的角度，她会看到他拒绝她。于是她也跟他生气。

有的时候，事情就是这么简单。没有什么基因的生存战争，也没有什么老大应尽之礼，没有那些复杂的次序义务，而只是很简单的个人感知：一个新来的小家伙，他喜不喜欢我，他是敌是友？

“他喜不喜欢我？”当他到来，她想问的其实是这句话。

孩子对其他孩子的态度，很大程度上取决于他们对对方态度的感知。这就好比博弈论，在囚徒困境中，每个人做出合作还是出卖的决定，都要取决于他猜测对方会怎么做。

这种情况下，大宝的心理感知是最为重要的。二宝还太小，还不具备复杂感知的能力，也无法表达对他人的感受。如果让老大确信，新来的小家伙是喜欢你的，老大也就比较容易将二宝视为“友军”，对二宝好一些。否则，二宝很容易被视为来抢东西的“敌军”，要加强戒备。二宝相对是被动的，等他长大了一些，能有所感知了，大宝越是对他好，他也越容易喜欢大宝。

想清楚这一点，也就释然了。可能人一辈子就是在这样的感知和疑惑中做出自己的选择：这个人，他喜欢我吗？那个人，他喜欢我吗？我要对哪个人更好一些呢？猜不透他人的心，这是人际关系中永恒的难题，孩子之间也不例外。

因此，父母在调节大宝和二宝关系的时候，也许不需要很复杂地安排，只要能想办法让大宝感受到二宝喜欢自己，那么很多问题都迎刃而解了。

03. 原生家庭：父母影响孩子的究竟是什么

有了小孩之后，很多人经历过这样一个起伏过程：突然之间做了父母，燃起一股浓烈的冲动，他们回忆自己的成长过程，希望从中得出经验教训，以期让自己的孩子在人生路上避免成长过程中遇到的坑；之后却发现自己的知识储备不够，竟然毫无培训就做了父母无证上岗，于是了解各种教育方法，采用其中自己比较认同的方法，相信这些理论能培养出好孩子；最后对方法的执行充满了困惑，于是进入下一阶段，努力想给孩子寻找到最好的环境，希望环境能给孩子最好的影响，然后开始又一个阶段的困惑：我的这些努力，能确保培养出一个好孩子吗？家庭教育究竟应该怎么做，才能培养出好孩子？

两个故事

我先来讲两个家庭的故事。

一个是我家小时工的故事。

我家换过很多个小时工。自从有了约小时工的互联网平台，我们就习惯了每周下一单，就像叫外卖一样预约一个新的小时工。我们也想在其中物色合适的人选，成为长期伙伴。

我们见到了形形色色的小时工。有的小时工临走的时候，镜子和洗手台还都留下一片水渍。有的小时工做一件事要好久。有的小时工干活儿利索，话也多，两小时工作时间搭茬聊天，打听我家家事。很长时间我们都没相中一个合适的。

直到有一天，来了一个看起来清清爽爽的小时工，做事利索，干净有条理，还主动找活儿，人也可亲，虽也和我们交谈说笑，但不说闲言碎语。我母亲一下子就看中了她。她每个环节都做得超预期地好，非常细致，还主动帮我们做收纳。

后来她来了几次我们才知道，她虽然看上去挺年轻，但已经有了一个上高中的女儿。她不是带女儿来北京，恰恰相反，她是跟着女儿来北京的。

她的女儿从重庆一所初中，以美术专业特长考入了中央美院附中。央美附中每年在全国各地有几个中考名额，她女儿听说之后，就对妈妈说：妈妈，我想考这个，等我带你去北京。

但她都不知道女儿有画画才能，也不知道女儿在哪儿学的。她每天从早忙到晚，也没有时间辅导女儿功课和发展她的兴趣爱好，听说女儿考到北京，她比谁都震惊。而她的女儿在央美附中也是专业课第一，老师告诉她：您再苦几年，就不用再苦了，等您女儿有一天出名了，别忘了我们老师就行了。

孩子的爸爸学建筑工程，孩子可能遗传了些天赋，但她自己是一点都不懂画画。她在听说女儿考到北京之后，惊讶极了，心想：这可怎么办？该怎么供女儿在北京读书呢？于是，她卖掉了和女儿在重庆住的老房子，筹措了路费和学费，只身带着女儿来北京。女儿入学当天，把女儿送进宿舍，交完房租和学杂费，她身上就只有六十多块钱了。于是她就开始找能够立即挣钱的工作，遇到一个做小时工的大姐，就跟着做了这一行。

她说她过的日子其实跟离婚差不多，孩子的爸爸出生于大家庭，埋怨她没有生儿子，从她生了女儿就再没有给她好脸色看。女儿几岁的时候，跟她说：我们搬出去吧，我不想看他们欺负你。后来母女俩就自寻生路，相依为命。她在老家做幼儿园老师，也打其他零工。她每日辛苦忙碌，女儿的学业都靠女儿自己。她说她女儿还考下了钢琴十级。

她女儿都是自己学，她完全没时间管女儿学琴。她就是努力工作，想把女儿每小时 100 块的钢琴学费挣出来。她女儿是从小学二年级开始学琴，她认为学琴不需要太早学，孩子太小坐不住，大了之后再学琴孩子的理解力也更强。

第一个故事大概就讲到这里。

这个母亲知道兴趣的重要性，因此不在很小的时候逼迫孩子学琴，到孩子自己产生内驱力的时候才开始让孩子学。母亲知道未来的重要性，因此宁可卖掉现有的唯一资产，也要支持孩子选择的未来。母亲知道独立的重要性，因此让孩子自主选择，孩子才有闯荡广阔天地的胆识。母亲知道认真工作的重要性，因此能把简单的清洁工作做得这么漂亮，而她女儿也有认真学习的追求。

也正因为这些内在的素质，我们才在第一次见面时就发现她的与众不同。

第二个故事来自我家育儿嫂。

生二宝之后，家里老人都难以再帮忙带，我急需找一个住家育儿嫂帮忙。当时小区里一家的育儿嫂刚好工作期满，我们就把她请到家里来试用。最初我并未下定决心用她，因为这位育儿嫂希望周末双休，而我周末经常需要加班，所以我宁可用更高的工资聘用周末不休息的阿姨。

但试用之后，我们决定留下她。原因有以下几个：她表示如果有需要，周末可以加班；她非常爱干净，除了照顾孩子，还主动打扫卫生；她对孩子很好，完全不多嘴打听任何事。

后来，相处起来，我们又发现了她的很多好处：爱孩子，很会逗孩子，哄孩子时满脸笑意；性格开朗而平和，朋友多；吃用上不占便宜；做事积极主动，把我们家收拾得很整齐；和人交谈大大方方的，但从不打听事，也不传闲言碎语；不计较小事。

再后来，在闲聊中我们才知道，她有两个女儿，大的在郑州上大学，正准备考研究生；小的在云南老家读高中，也快要考大学了。谈起两个女儿，她说："大的想考研究生，我觉得她考不上。不过她想考就考吧。小的那个，想学医，非要考妇产科，我也不知道她是怎么想的，可能是因为喜欢小孩子吧，就随她去吧。"

偶尔有假期，她就去看女儿。谈起女儿们，她满脸笑意。小女儿 8 岁时喜欢上拉丁舞，她就让小女儿学了几年拉丁舞，后来获得相当高的级别认证。

从母亲的身上，我们看到了孩子的影子。

从故事到理论

我知道，故事不代表普遍情况。我不会从故事中轻易归纳出结论。但我依然相信，故事仍然有管中窥豹的意义和作用。

我们身为父母，经常想知道的是：在育儿的过程中，有什么是有因果关系的？

例如：好的教育方法，培养出好孩子？好的教育环境，培养出好孩子？好的教育资源，培养出好孩子？

有很多家庭教育方面的心理学家、社会学家和教育学家都研究过这些问题。他们尤其热衷研究先天因素（基因）和后天因素（环境）对孩子的影响。

首先，研究者以不同家庭养育的双胞胎与同一家庭养育的养子和亲生子分别做对比研究，研究者发现，在各种性格和成就指标中，基因都差不多起到一半的作用，具体从 40% ~ 80% 不等。在外貌、智力、内向外向、固执性、攻击性等一系列人格特质中，基因都占了一半左右的影响力。

那剩下的一半是不是养育方法的影响？剩下的一半的确是来自于后天环境影响，但是也有研究显示，一般性环境因素（家庭一般氛围和学校一般氛围）的影响只占很小一部分，在后天影响中最主要的来源是个体性环境因素（个人独特经历的影响）。

也就是说，基因和个人经历是各项特征中最主要的决定因素。

而家庭的主要意义，不在于这些人格特征，而往往在于互动性的关系特征。

《人格心理学：人性的科学探索》（强烈推荐这本书，它被称为当代人格心理学最好的一本教科书）有这样几段话：

基本情况是这样的：对大多数人格变量来说，共享环境（家庭一般养育环境）对它们几乎没有或根本没有可辨别的影响。

这是否意味着共享环境不起作用呢？当然不是。在某些领域，行为遗传学研究已经揭示了共享环境的重要影响，如态度、宗教信仰、政治立场、健康行为，甚至某种程度上的语言智能。

另一项新近的研究发现，共享环境解释了适应性领域内的许多人格特质，包括反社会行为、抑郁症、自主机能。

家庭的总体氛围主要会影响孩子对这个世界的态度，以及孩子和这个世界的关系。

我们往往只注意到孩子个体的特质，却往往忽略孩子和这个世界之间的互动关系，而后者才是心理学研究中发现的家庭影响最为显著的地方。一个人如何看待世界体现在他的态度、信仰和立场上。很多适应性不良方面的心理疾病，实际上是因个体难以和世界相处。而这些，都与家庭相关。

家庭能带给孩子什么

其实，我们并不太能在孩子的智力、人格、特长、能力等方面施加太多影响。很多父母花了很多心思试图影响孩子这些方面，但这些方面基因起的作用很大，此外孩子的个人经历的影响也很大。孩子就是他自己的样子，由基因和独特经历塑造的样子。

但我们能影响到孩子对这个世界的态度。

也就是说，孩子有没有学琴的天赋，有没有沉稳的性格，很大程度上不是父母能管的。但是孩子对学琴这件事的态度，与家庭很有关系。如果说人格特质是孩子自身内部的东西，那么态度，就是孩子与自己、世界、他人的关系。这种关系，每时每刻都在发生微妙的变化。

在现代精神分析研究中，有一个词叫工作模型，指的是一个人头脑中的自己与他人的关系。这种工作模型早在孩子一岁之前就装载到孩子的脑袋里了。婴儿会把自己和母亲的关系，变为自我—他人关系的基础模板，以后的人生会自动装载这个模板。

例如，如果婴儿长时间饥饿哭泣，一直没有人理，这种情况发生一两次可能还好，但若经常发生，孩子会感知到：我对这个世界的诉求，这个世界是不会满足我的。长大之后孩子与他人接触的过程中，可能依然会不相信自己能得到他人回应，因而就会在人际关系中退缩、迷惑、自我保护，又不断渴求他人的确认。这就是不安全感。

再比如，婴儿对这个世界发出哭泣诉求，如果得到的是时好时坏的回应——有时候没人理，有时候又有温暖呵护。婴儿会不自觉猜测自己怎样才能得到他人的爱怜，为何有时没人理。这种猜测虽然还没有清晰的理智分析，但已经在本能反应中刻下烙印，婴儿会开始讨好看护者，想用自己的讨好换来长期爱怜。而在成年之后也常常讨好别人。这也是不安全感。

婴儿的安全感是被研究得最多的工作模型，但实际上，孩子从父母身上得到的工作模型远不只在婴儿期。在之后的童年期，孩子仍然会相当大程度上感知到父母对世界的态度——价值观，父母对自己的态度——亲子关系。而这些态度，会以各种方式，或深或浅地变成孩子不自觉的工作模型。

你可能从人格特质上看不出来这些不同，例如有两个聪明又开朗的孩子，看上去性格差别不大，但他们对人对事的态度却截然不同，与这个世界的关系也截然不同。

更平和的亲子关系

当我们越来越多意识到原生家庭对孩子的重要影响，那我们应该怎么做呢?

首先是意识到我们的态度，本身就是最重要的育儿因素。

如果我们对生活充满了抱怨，对自己的童年和父母满是怨怒，那么孩子有可能会养成我们经常抱怨的习惯。他会感觉，将自己的挫败归咎于父母，是正当的。当他长大，他也可能会进行同样的抱怨。如果我们对生活充满了焦虑，随时担心自己或孩子会遭遇失败，那孩子有可能会把这种焦虑的担忧烙印成自己的工作模型，未来生活里可能随时担忧自己，不敢迈出人生选择。

其次是意识到我们在很多方面，不需要用力过猛。

我们营造的氛围，我们创设的环境，对于孩子一些根深蒂固的特质而言，影响微乎其微。敏感、耐性好、外向、和善、聪慧等等以及孩子在哪些方面有特长，跟我们的整体家庭养育都没有太大关系。所以不要太过用力地试图塑造孩子了。你没法塑造他，最终只是会把这种“太过用力”的态度，变成孩子内心中“太严苛的超我”。

最后是意识到我们自己对生活的平和态度，就是最好的养育态度。

在文章的结束再回到我家的小时工和育儿嫂的故事。她们对孩子的养育有一些什么共性呢？她们平和地看待孩子成长，让孩子自我选择成长道路。这本身和她们在工作中的平和态度是一脉相承的。她们并没有斤斤计较蝇头小利，没有抱怨吃苦受累，没有为利益放弃自尊，她们平静地生活，平静地努力，相信自己能把事情做好。而这种平和，就是我们选中她们的理由，也是她们给她们小孩的最好的教育。

04. 妈妈心理：想要工作和生活都兼顾，你需要常对自己说这三个字

之前做过一次演讲，主题是关于工作与生活平衡。

当时我说，想做到工作与生活都兼顾，需要能对自己说三个字：没关系。只有对自己说没关系，才能放下负累，工作的时候彻底投入工作，陪伴孩子的时候彻底放松陪伴。

但是当时演讲时间太短，我没有来得及提到更深层的东西。

没有这些更深层的东西，没关系就没意义。

压垮我们的不是累，是内疚

当时，我之所以说起没关系，是因为人经常会陷入焦虑—内疚的负面循环，也常陷入相互指责的负面循环。

设想有这样一个年轻妈妈，她叫小蓝，她有一份很不错的工作，在一家处于上升期的大公司，时不时加班。她有一个小孩，刚刚两岁。她很犹豫到底在工作上要有多少投入，她很希望成为事业家庭

两不误的那种妈妈，但是她努力后多次陷入沮丧。回家太晚，到家时孩子已经睡了。然而实际上，相比其他同事，她已经减少了工作量，这样她就很难成为理想中的自己。

她也读了很多育儿文章，知道父母的陪伴对于孩子的成长非常重要。她下定决心要成为一个新时代的母亲，独立睿智，育儿方法科学，和过去那种强硬粗暴的母亲不一样。

但她不知道怎样才能成为一个这样的妈妈。她在工作的时候内疚于没有好好陪伴孩子，难以专心工作；而陪伴孩子的时候又内疚于没有好好工作，以至于充满焦虑，难以好好陪伴孩子。

对这样的小蓝，我们要告诉她什么呢？

如果只是对她说，“没关系，加班晚了也没关系”，“没关系，带娃耽误工作也没关系”，她是不会觉得心中好过的。

她可能会说：“这怎么能没关系呢？明明就都很有关系。都说了高质量陪伴很重要，总是没时间陪伴孩子，又怎么能传达给孩子好的教育理念？会不会亲子关系也受到影响？但又不能不加班，公司最近在冲业绩的重要关头，可以说成败在此一举，谁升职、谁淘汰，也不过就是看这个过程里每个人的表现。后半辈子是成为一个平庸的女性，还是成为一个理想中的女性，也就看这几年的拼搏了。这怎么能没关系呢？”

如果不解决她更深层的疑虑，仅仅安慰她“没关系”，并不能让她释然。

接受自己不能面面俱到

那更深层的疑虑是什么呢?

更深层的疑虑是:“我可否成为理想自我?”

在小蓝的心里,无论是新时代的好妈妈,还是独立成功的女性,都是她内心中非常渴望成为的理想自我。因为对理想的认同,也因为榜样的力量,她对自己有期许。她不甘心毫无追求地沉沦,进入死气沉沉的迟暮人生。

她不知道,为什么这一点追求就那么难,为什么别人的生活看上去那么闪亮且云淡风轻,只有自己的生活笨拙且难以应付。

如果对小蓝说,你的问题在于太完美主义,小蓝肯定会大吃一惊。

小蓝并不认为自己是完美主义者,因为她知道自己不完美,就像知道自己不是大美女。她对自己有相当准确的认知,从来没认为自己就是人群中最顶尖的那一个。

但如果问她,为什么晚上不能回家陪娃会让她那么焦虑内疚。她会说,感觉自己并没有尽到一个好妈妈的责任。而如果问她,那又怎么样呢?不做一个好妈妈又怎么样?她会大惊失色,觉得难以忍受,怎么能不做一个好妈妈呢?自从孩子出生到这个人世上,她就一心一意想做一个摆脱老一辈不好的理念,拥抱新理念新方法的新时代好妈妈。

这就是小蓝的完美主义。她心中对一个“干净整洁的我”有追求。

现实本身不足以引起焦虑。只有当现实和理想自我发生冲突,人才会焦虑。

很大程度上，小蓝的生活支柱就在于她非常努力追求理想自我。她从人生中途才开始努力，她并非天赋绝伦，但一直认为自己有机会做得更好。她把她能做的都做了，努力学习、努力读书、努力健身、努力学英语、努力改善谈吐，她看儿童心理学书籍，也报育儿网课，她按照专家指引的方向进行时间管理和情绪管理，她觉得自己已经很接近目标了。

如果你此时跟她说：放弃吧，放弃你对理想自我的追求，你是不可能做到像你想象的那样好的。她怎么会接受呢？她情绪一定会更加糟糕。

情绪糟糕也没有办法，这是仅有的解决之道。

小蓝说："我家里人总抱怨我回家晚、干活儿少、照顾孩子不周怎么办？我解释说我已经做得够多了，他们也不听。"

我们对小蓝说："承认自己做得不够多吧。向家里人说'抱歉，我确实做得不够多，我也只能做这么多了'。承认自己带小孩不到位，不是理想妈妈吧。"

小蓝说："公司领导总是有意无意指出，如果我不能经常加班，就会影响升职，我解释说我已经做得很多了，他们也不听。"

我们对小蓝说："承认自己做得不够多吧。你是不可能像二十岁的单身小伙子一样加班的。承认自己工作能力有上限，可能无法做到自己想做的高度吧。"

小蓝说："其实我要求也不高，我只是不想这么快就变成一个平庸的黄脸婆，浑浑噩噩过日子，我希望我的人生也能发光。这要求高吗？"

我们对小蓝说："这要求不高，只是到最后，我们都会变成平庸的黄脸婆。这就是岁月的力量。只是你会发现，平庸的生活也是可接受的。"

如果我们给小蓝建议，那就是：放弃对理想自我的要求吧，放弃家庭生活两手抓，两手都要硬吧，很多事情你做不到，就承认吧。

小蓝并不想接受，因为她心里还有恐慌，不能接受拿掉理想自我之后的生活状态。小蓝并不够爱现实中的自己。这时候她才发现，让她最焦虑的，是接受现实。

而"没关系"，是在这个时候出场的。

"没关系"的含义不是"没关系,做错这点事,你也是最优秀的"，也不是"没关系，做不好，也可以成为理想自我"，而是"没关系，成不了理想自我，也没关系"。

其实，真的没关系。

恐慌，常常源于对自己不希望见到的某种状态的想象。很多现代女性的恐慌源于对平凡的后半生的想象。

要对自己说："我不过是个普通人，哪里也不比别人做得更好。工作不是最优秀的，带娃也不比其他人更好。展望未来，我能想到的也就是普通人的普通生活。"

没关系，其实接受这一点也没关系。

这个时候，我们惊异地发现，即便是接受了所有现实，生活也并不是麻木不仁、了无生趣，做一个普通人也并非浑浑噩噩，如同行尸走肉，内心仍然还有柔软的东西，时光也依然还有晶莹闪亮的存在，头脑中甚至有更多流动的思想。即使承认了自己没什么了不起，天也并不是就塌了。

这才是能让自己平静生活的力量，也是应对工作家庭转换的关键性力量。在说“没关系”之前，更重要的是，先承认“我就是这样了”。

承认自己的局限性吧。其实这个世界上，根本不存在理想自我。

这个世界上，并没有理想中的好妈妈。这世上从来不曾有一个温柔明理、睿智温暖、严厉得当、擅长教育、亲切沟通，培养出来的孩子全都是优秀人才，并且孩子还跟妈妈的关系十分亲密的理想妈妈。

我们自己也并不是想象中的新时代理想妈妈。我们的时间有限，好多地方顾不到，孩子的心思我们并不能完全了解，他们会跟我们有隔阂。孩子身上发展出各种毛病——粗心、贪玩、坏脾气、懒惰，我们不知道这些都是哪儿来的毛病，只能承认自己对孩子的教育并不理想。孩子的想法不可捉摸，孩子的成绩飘忽不定，与孩子的关系时远时近。我们以为自己是理想的好妈妈，但孩子心里压根不这么想。

这才是现实。接受吧。

为什么需要放弃对理想自我的追求?

在精神分析心理学里，英国心理学家温尼科特曾经提出过一个观点：“不需要做 100 分的完美妈妈，做一个 Good Enough Mother 就好了。”这个 Good Enough Mother 没有特别准确的中文与之对应，直译就是“足够好的母亲”。我按温尼科特的原意，取“已经不错”的意思，翻译成“差不多的好妈妈”，精神科专家曾奇峰翻译成“60分好妈妈”，我感觉有点低了，“80分好妈妈”可能比较符合现实。

为什么心理学大师会只提倡“差不多的好妈妈”呢？原因是一个理想的好妈妈太容易迷恋于自我的完美，从而可能让孩子一辈子得不到真正的成长。孩子的成长必须来源于独立，而理想好妈妈是一个为孩子做好了所有事的妈妈，所以孩子一辈子都得不到独立。

孩子要能试错，能有空间自由成长，能走弯路，能走错路，能迷途知返，能破釜沉舟，能破土而出，能自成根系。孩子独自经历了这一切，才能成长为一个成熟的人。但是完美的母亲把一切都做好了，孩子就没有这样独立的路。

更为重要的是，理想好妈妈会下意识把孩子当作自己成绩单的一部分。

理想好妈妈心里往往有这样线性的对应关系：不够好的妈妈 = 不够好的孩子，特别好的好妈妈 = 特别好的孩子。因为有这样的公式，所以容易批判他人的教育，把别的孩子的不好都归咎于其妈妈，而与此同时，自己的孩子有任何不完美，也会归咎于是自己教育的不完美。于是，孩子的不完美，就成了她指责自己的理由。

区分一个妈妈是把孩子当作独立个体，还是当作自己的成绩单，就看她在孩子遇到挫折时的态度。当我们在生活里见到一个朋友遭遇人生滑铁卢，我们会心疼：“啊，你一定很难过！”或者努力想提供帮助：“我能为你做些什么？”换成是孩子考试没考好，把孩子当作是独立个体的妈妈也会同情和安慰：“很难过吧？我能帮你什么呢？”但是把孩子当成自己成绩单的妈妈会指责孩子：“为什么考不好？你怎么能考不好？”

于是，心里越是有“理想好妈妈 = 理想好孩子”这个公式，越是不允许孩子失败。

这会导致什么结果呢？换位思考下就能知道，如果我们工作中遇到同事排挤、项目失败，当我们满心失落向父母倾诉，希望获得同情和鼓励的时候，如果父母的态度是：“你怎么能失败呢？你怎么不会为人处事呢？我可不是这么教育你的！”我们会立刻感到自己像被推到了千里之外，从此可能再也不会和父母说心里话。

把孩子当作自己成绩单的父母，永远没法真的站在孩子的角度理解事情。

一个人有成功的自由,也有不成功的自由。一个人有成功的可能，也有不成功的可能。只有不把孩子的成长当作自己教育的成绩单，一个妈妈才能站在平和客观的立场上，看待孩子的人生成长。

只有这样，才能给孩子松绑，也给自己松绑。

安于“80 分状态”

这个世界上没有理想好妈妈，也没有理想自我或理想感情，任何对这些的幻想，都会带来某种程度的失衡。

就像追求 100 分妈妈可能会带来的问题一样，过度追求理想自我，就会无休止地看到所有不理想的地方，以高标准严要求的名义，否定自己，而这个理想自我住在自己的身体里，既不能像逃离家庭一样逃离它，又没法赶走它。

追求100分感情会让人与人之间的界限感模糊。曾奇峰老师描述过一个案例：一个妈妈和孩子的关系过于亲密，一直都是无话不谈的状态，而孩子上大学之后无法和任何人建立正常交往关系，学不会独立，最终退学。进一步说，如果过于期望亲密无间的关系，一旦一方要求独立，另一方不管是孩子还是配偶，都会心理悲痛失衡。

安于“80分状态”，真的不是我们与这个世界妥协之后的无能为力。

唯有放弃掉自己营造的幻象，看清楚现实中自我的形状，才可能进入真的平静和踏实。

其实哪有什么真的工作家庭两者兼顾！

拼命工作肯定会占用和家人相处的时间，如果我晚间有直播，或者周末参加活动，肯定就没办法陪孩子了。那也不需要假装自己是完美妈妈，直接跟家人道歉就好了。陪伴家人确实要推掉很多工作，就不要想什么都占了，直接跟工作伙伴道歉，说抱歉这件事我实在没法做，还请你们多关照，就好了。

最重要的是，当你自己接受了自己80分的状态，并带着这样的不完美与这个世界沟通，世界也可以接受你的不完美的。

这个世界接受不了的，是你的较劲。

很多时候，我们低估了“没关系”这个词的力量。

还记得我女儿有一阵子爱发火，我妈妈说她身体里有一个“高高兴兴的小人”和一个“爱生气的小人”。我妈妈让她把那个“爱生气的小人”扔掉。

后来我悄悄告诉女儿：“其实，你知道吗，当那个爱生气的小人出来，它是在等一句话。”

女儿问：“什么话？”

我说：“它是在等‘没关系’。那个爱生气的小人之所以生气，其实就是想等人安慰它，告诉它‘没关系，一切都没关系’。下次它再出来，你就悄悄告诉它‘没关系，会好的’。”

之后，女儿很长时间都没有再发火。

让一个人有勇气去冒险的，不是相信一件事百分之百能成功，而是他能承受失败的后果。这就是为什么有人投资更有可能成功，因为他心里有“没关系”，所以敢于尝试。

当一个人全然接受了现实的自己，就相当于给了一切事情一个安全的底线：大不了就是现在这样，没关系。从此之后，就无所畏惧。

这时，你会发现做什么事都是轻盈的，你仍然可以去努力、去尝试、去追求，但你不再恐慌了，也不再较劲了。你会发现，只要你内心的感受还在，什么状态都是不足畏惧的。你甚至能够跑得更有力量，更有冲劲。因为你成为你自己，不再需要成为任何人。

因为无畏，所以平和。

05. 亲子沟通：为什么道理孩子都懂，却就是不听

很多时候，我们会遇到这种情况：苦口婆心地规劝一个人，说的道理简直不能再正确了，但他就是不按你说的做。在面对孩子的时候，这种情况更多。

这种时候该怎么办？继续讲道理碎碎念，还是直接来硬的逼迫孩子就范？

其实，这两种方式都忽略了这个问题的本质：他为什么不肯听正确的道理？

问题的本质

在这里面，其实有一个人与人交往的最根本的问题，那就是：你把对方置于什么样的位置上。

不知道你有没有注意过这样的细节。

有时候你想要提醒小朋友某件事，例如应该把手里的东西放在什么地方，结果小朋友不仅没有听，反而把手里的东西扔掉，不肯

合作。而你仔细分辨他的情绪，会发现他不是跟你对抗，更多是委屈，他会大声说“我本来就是这么想的”，或者“我是还没来得及放”，大人往往不理解孩子的委屈，而是说：“我不就是提醒你吗？”“脾气这么大跟谁学的。”结果孩子就更哭闹了。

在这样的场景中，驱动孩子的内在情绪是什么呢？

其实，在这个场景中，孩子的心理语言是：“我本来就能做好的，不用你说我也能做好。”他的内在情绪是：你说这些提醒的话，就好像我自己做不好似的，你不相信我。而他之所以不合作，是因为他的潜意识觉得，如果听话了，就是承认了自己做不好。

这里面涉及孩子的自我感知，如果是自己本来就想做的，那么是对自我的自豪感；如果是自己没想到，而要父母提醒的，那则是对自我的羞愧感。

这个细节有什么重要的呢？重要之处在于，我们很多时候都没有注意到，当我们说话的时候，是把对方置于好角色上，还是坏角色上。

什么是好角色、坏角色呢？

我再举个例子。

假设有一个年轻的妈妈，家务事很多，小孩子非常累人，老人也不给力，还总是有令人烦心的闲言碎语，更不用说工作和生活难以平衡的困扰。这个时候，对自己的孤立无援感觉异常委屈的年轻妈妈很需要丈夫的支持。

那么年轻妈妈该如何跟丈夫说呢？她有两种表达方式。一种是说丈夫哪里不好，指责他有多么不负责任，自己这么艰难，他不仅什么都不管，也没有表现出对自己的关心。另一种表达方式是，讲出自己的困难，问他能不能帮助自己解决困扰。

这两种表达方式针对的事情一样，期望达到的结果也一样，但表达方式有什么不一样呢？最重要的不一样是：指责的表达方式，让对方成为“坏角色”，说的是对方哪里不好，如何没达到要求；需求的表达方式，让对方成为“好角色”，成为能帮助自己的英雄。

让对方成为“坏角色”，潜意识是要唤醒对方的内疚感，想提醒他有多么不理解自己。这种表达方式是我们经常不自觉采用的方式，很多时候，唤醒他人的内疚感，是让我们感觉到痛快的方法。

但问题在于，没有人愿意被别人感觉自己是“坏角色”，一旦意识到自己被他人指责，一个人的下意识反应是防御，否认这种指责，要么是冷冷地不予回应，避开指责，要么是情绪爆发，把小事变成争吵。

而让对方成为“好角色”，是让对方看到，他做的事情能在多大程度上帮助到自己。这是不把自己的困扰归咎于对方。

有的人或许会觉得：不让对方认识到自己的错误，他怎么会改好呢？但事实恰好相反，往往这样才能让对方做得更好。

由此，我们会明白为什么很多时候我们讲的道理都对，但对方却不听。原因其实就在于我们把对方置于哪个角色上。

如果我们讲的道理是你如何如何不对，按照我说的道理才对，其实是把对方置于“坏角色”之中。这里的“坏”不是指邪恶，而是一切负面归责，例如看问题不清楚、不听话、脾气不好等等。与此同时，隐含着的是把自己置于“好角色”之中，“你看我说得多对，我看的多明智”。只要是声称“对方错了，自己才对”的讲道理方式，就是将对方置于“坏角色”之中，自己置于“好角色”之中。

这种情况下，你讲的道理有可能全对，对方也点头承认，但是对方心里一定是非常不服气的。你讲的道理越对，就证明对方越错，他心里的自我感觉就越糟糕，就越不愿意接受你讲的道理。很多时候，我们感觉跟一个处处都有理的人很难相处，就是因为这样。

当孩子拒绝父母的要求时，也许拒绝的并不是要求本身，而是父母对自己的指责。“我不是这样的。我本来也可以是对的。”这也许是他大哭的背后原因。

背后的原因

如果明白了这个心理机制，那么正确说话的策略也就很明晰了：尽量以让人自我感觉良好的方式提出建议，他人也愿意接受你的建议，这样互惠共赢，皆大欢喜。

但生活中，这一点却是难以做到的，为什么？

第一种常见的情况是执着于“应该”。

这种情况对应心中抱着固定理想型的人。这样的人对于人和关系“应该如此”有强烈的预期假定。一个男人就应该沉稳坚毅、大气开朗、勤劳顾家、温柔呵护，做到这些都是“应该的”，做不到就是“有问题”。类似的，一个家庭就应该红红火火、热热闹闹、温情热络，做到了是“应该的”，做不到就是“有问题”。一个孩子就应该干净整洁、落落大方、勤奋上进、知书达理，做到了是“应该的”，做不到就是“有问题”。

实际上，我们每个人在与别人对话的时候，话语里都隐含着对对方的评价——正分，零分，负分。而我们对他人的评分是正分还是负分，取决于我们的零分线设在哪里。

零分线就是我们心中的“应该线”。当我们心中的“应该线”画在一个固定的位置上，那么任何现实中达不到这条线的行为或做法等都是负分。

在这种情况下，让一个人口头上不要指责别人，要鼓励赞赏别人，他是做不到的，因为他在心里就已经给对方打了负分，即使口头上不指责，他也能让对方感觉出他心里的负分，最后交流的结果还是一样的。要么是自己把不满爆发出来，要么是对方感受到被指责而离开。

与“应该线”高的人相处，做好了得零分，因为都是“应该的”。稍微做不好就是负分。

真正让生活轻松的方法，就是对他人不抱有预期，这样别人有一点点好的地方就都是正分。例如认为人与人之间相互不问候是正常的，这样，如果有个朋友给自己送份祝福，立刻就会觉得惊喜备至，而不会因为朋友怎么都想不起来给我打个电话而气恼。例如认为我们下班回家懒得做家务是正常的，这样，看到另一半下班后还在家里忙碌收拾，立刻就会觉得对方好好啊，我好幸运，如果对方某天没有这样做也会觉得可以理解。例如认为小孩子贪玩懒惰是正常的，这样，如果孩子能自觉勤奋一次，立刻就会由衷赞叹“哇，你好棒”，即使孩子有时懒惰也能理解了。

如何让生活看起来处处美丽？相信不美丽是正常态就可以了。

这种心态上的打分，其实是不容易更改的，它涉及一个人根深蒂固的对世界的看法。很多时候，让一个人放弃掉他心里的“应该”，对他是十分痛苦的事，因为这些“应该”就是他对这个世界的信念。所以有时候我们看到一个人处处苛责，看什么都不满意，会劝他降低点要求，但实际上他是做不到的，因为那意味着放弃他对这个世界原有的看法。他这其实不是高标准严要求，而是对世界的多样性缺少包容。

语言方式并不是我们能随意选择的，它反映了我们内在的世界观念。

第二种常见的情况是执着于“我好”。

前面说到，当我们想要规劝一个人，如果太彰显自己有道理、对方不对，就有可能让对方产生抵触情绪，反而起不到规劝效果。那如果不处处彰显自己，多理解鼓励对方不就能达到效果了吗？

没有那么简单。很多时候，规劝他人的人，并不是想达到规劝的效果，而恰恰是想达到彰显自己的效果。

“你看，我早就说了吧。”这就是一句想要彰显自己的话。

举一个例子。当两个人意见有分歧，对方没有采纳自己的建议，结果失败了，在这种情况下，如果期望对方能够采纳好的建议，得到好的结果，那么最好的方式就是刻意忘记两个人曾经的分歧，也不要让对方觉得丢脸，而是尽可能鼓励他再去尝试。在正常情况下，遭遇过一次失败的人自然会去采取不同的策略。

然而，很多时候我们看到的情况不是这样。提建议的人在看到对方遭遇失败之后的第一反应就是“你看，我早就说了吧”，然后开始回顾自己是如何做出正确判断，早就预见到这一局面的，然后想要让对方承认自己多么正确，不听劝是多么不明智。在这种时候，就进入了前面说的将对方置于“坏角色”，将自己置于“好角色”的情境中。

这种情况下，规劝者甚至希望对方失败。因为只有对方失败才能证明自己明智，证明自己明智的欲望远大于关心对方如何成功。

当小孩子没有听父母劝,非要拿着一个重的东西走,结果摔倒了，父母最好的应对方法是什么呢？是赶紧拥抱一下，说“没关系，摔疼了吗”。而当小孩子把东西放下，爬起来再走，就只为他喝彩“你好坚强”，绝口不提“看，我当初说什么来着”。

老子讲“大音希声，大道无形”，就是指不彰显自己，才能在很多时候化育万物。

事物的相通

很多情况下，与人相处，本质上是相通的。让对方处在“好角色”的位置上，就是简简单单的关键一步。

让对方处在“好角色”的位置上，让他觉得自己是人生的英雄，产生对未来不间断的内驱力。心理学研究发现，稳定的高自尊者会把好结果归因于自我，把坏结果归因于偶然。

带团队的本质，是给团队成员机会，让他们把能力表现出来，让每个人都觉得“我做得真好”。领导力的本质不外乎就是一句话：“功劳是大家的，有问题我担着。”小时候不懂这个道理，看历史书的时候，最纳闷的就是像刘邦这样的人，遇事总是“为之奈何”，他怎么能够成功，那些勇猛大将比如韩信怎么不取而代之。现在发现刘邦能让身边的每个人都自我感觉良好，发挥出百分之百的能力。

带好小孩本质上也就是让孩子认为自己很好，并且能做得更好。孩子所有的哭闹、不乖、懒散都是正常，偶尔迸发出的礼貌勤勉被夸奖“哇真棒”，孩子就会感觉“我真的这么棒吗，那我还可以更棒”，而这种自我感觉会让他自己想要做得更好。父母在这个过程中是不能争功的，越不去争夺“你看我对你教育得多好”的功劳，孩子成长的内驱力就越强。

其实就是简单的交流方式，把对方长期置于“零分一负分”的震荡区间，还是“零分一正分”的震荡区间，会决定对方长期的自我感知，进而影响他的行为。

很多时候，让我们成长的那么一点点动力，就是心底的一丝“我是这么好的吗”。

具体在生活中，有什么事例呢？

就以大宝和二宝的关系为例。

很多人会忧愁二宝出生之后，大宝的心理反应。有不少大宝在二宝出生之后，变得更不自立、更黏人、更爱发脾气、情绪波动更大，对二宝占据了父母的爱感到气愤。父母对这种情况很忧愁，对大宝严厉也不是，满足也不是。那该如何是好呢？

以我自己的情况看，交流沟通的方式还是有用的。虽然我只是个案，不能代表所有家庭，但从个案来看，父母跟大宝的交流还是有作用的。

最重要的是调整自己对孩子的心理预期，将心理零点设为“兄弟姐妹关系不和”。因为从心理学家的研究看，兄弟姐妹之间构成直接的竞争关系，所以人类与生俱来有一种兄弟姐妹之间的竞争心理。斯蒂芬·平克的书中写过，从统计学上看兄弟姐妹间发生的恶性事件比陌生人更高。在这种情况下，任何嫉妒、漠然都是正常的，没有什么可大惊小怪的。

把心理零点设低之后，对于大宝行为上可能出现的问题，就做好了心理准备。不给大宝设定太多“应该”，不说“你作为大姐姐，应该爱弟弟”，而是不做任何提前预设，允许其自然成长。提出太多“应该”，反而会给大宝制造心理抵触。

大宝任何高于零点的举动都可以为他由衷欢呼：“哇，姐姐来跟弟弟玩啦！”“哇，姐姐喜欢弟弟呢！”“哇，你们俩玩得真好！”“哇，姐姐还能想到弟弟，真不错。”这时候姐姐对于自己是个好姐姐，就有了一种莫名的心满意足。

而与此同时，让大宝感觉自己在二宝心中也是“好角色”。把二宝的积极反应说出来：“哇，你看弟弟好喜欢你呀！”“以后弟弟肯定很崇拜你。”“你可以教弟弟看漫画，他都不会。”这样姐姐觉得自己被弟弟喜欢和尊敬，也会开心。

大宝在父母和二宝眼中都成为“好角色”，不知不觉也就成了好哥哥好姐姐。我家姐姐很喜欢弟弟，有时候早上起床，要先跑到弟弟床上陪弟弟说说话，亲亲弟弟，才吃早饭。

有时候，让我们不敢接受的是所谓的负面情境。为了避免负面情境，用尽一切严厉措施，但实际上，坦然接受负面情境的正常性，反而能发现生活里处处是惊喜。

06. 逆商培养：有一种力量，可以帮助孩子战胜挫败

孩子的挫败感

如果让我回忆 2019 年印象最深的时刻，我会选择陪女儿跳绳的那次。幼儿园的有些运动往往带有强迫性，每个小朋友，不管喜不喜欢，都必须满足最低的运动要求。女儿在幼儿园大班，其中一项要达标的要求就是学会跳绳。女儿班上的小朋友逐渐全都会了，但是她还不会。

我女儿是那种很容易感受到挫败感的小孩，越是不会跳，越不愿意跳。有时候家里人逼着她练，她一边哭一边跳，但还是不会。

这个时候，我才知道为什么网络上最贵的跳绳班要两万块。

我带着女儿来到小区空地的时候，告诉她：我说我从最简单的开始教她，她一定能学会。我让她先把绳甩到脚下，迈过去。然后练习把绳甩到脚下，跳过去。我给她的任务很简单，我是希望简单任务能激发她的成就感。

可是女儿还是拒绝。她跳了一下，又跳了一下，可一旦她试图

连跳，节奏就是错的，动作立刻断掉。她的挫败感就蔓延开来，我几乎能感受到她扑面而来的沮丧情绪。

“我特别笨。”女儿说，“我特别特别笨，我是大笨蛋。”

无论我怎么跟她说她不笨，她都不相信，一直坚持说自己就是笨。然后她就拒绝跳绳了，开始去小区滑梯上玩，拿跳绳当钓鱼的工具，跟其他小朋友追跑打斗。有一个小姐姐跳得好，想要教她，她也完全拒绝学，只说自己太笨了。

“我真的特别特别笨。”女儿一本正经地说。

困境与求援

当孩子遇到困境，走投无路的时候，该如何让他面对？父母应该对孩子说什么？

应该说：“没事，不要跳绳了！”还是说：“笨一点也挺好，我喜欢笨孩子。”还是说：“你敢不跳？跳绳不达标老师要骂的！快继续练！”

其实每一种说法，都有其道理。如果我只从接纳的角度考虑，也许就会放弃教晴晴跳绳，接纳她的笨，也教她接纳。

但我一直记得在一本心理学的书里看到的温尼科特的一个例子。温尼科特是著名的精神分析心理学家，专门研究儿童和青少年的成长，对依恋和亲子关系有很深刻的论述。温尼科特曾经帮助过很多问题儿童，有的是孤儿，有的是年少就开始误入歧途，偷窃或者抢劫。

温尼科特的实践非常独特。有一个很暴力的男孩，为非作歹，非常不服管教，温尼科特将他带到自己的房子里，约束他，给他全方位的指导。这个男孩完全不服管教，温尼科特在某天晚上将他关在房子外面，不让他进来，男孩一直在愤怒地砸门，到最后男孩答应约束自己的行为，温尼科特才同意他进来并给予他温暖的拥抱。

为什么温尼科特对问题儿童的教管给了我如此大的触动呢？

可能是因为，在整个过程中，温尼科特用自己的方式向孩子传递着强烈的信号：你可以，我相信你可以，我不放弃你。

很多时候，在困境中，人的各种行为都是在发出求助信号。

这些信号有些是有意发出的，也有些是无意发出的。我们常会看到人的情绪反应，无论是孩子发脾气、哇哇大哭、自暴自弃，还是成年人暴饮暴食、情绪低落、焦虑躁狂，这些从某种程度上说都算是求助信号。

面对困境中的人，我们常说：放弃吧或者做不好就不行。前者是撤退信号，后者是压力信号。

撤退信号是让人“想开一点”“接纳现实”，而压力信号是“做不好后果很严重”“做不好现在就惩罚你”。

可是这样，往往没法使困境中的人真的得到安慰，或者说，即使一时被安慰了，转过头来还是情绪低落。

当孩子说出“我不行，我不好，我太笨”的时候，他是把自己内心深处害怕的东西呈现出来，就好比一个害怕失去爱的女人最容易问“你是不是不爱我了”，她下意识地把担忧说出来，试图让自己接受现实。可她没说出口的是，她潜意识里期望的是否定的答案。

很多时候，困境中的人想要的不是接纳现状，而是超越现状，想听到的是“你能做到”。

他期望有人给他相信的力量。

相信的力量

什么是相信的力量呢？

如果把人生大大小小的困境比喻成一个一个土坑，人掉在坑里，爬不上去也跳不上去，这个时候，很多来自坑外的规劝的声音响起，“坑也不是很深，别矫情”，“我当年也踩过坑，我就这么跳出来了”，“加油吧，跳一万次就出来了”。

可是所有这些话，都没法给坑里的人注入跳跃的能量。因为这些人都在“彼岸”，而不是“此岸”，都是站着说话不腰疼，都是“何不食肉糜”。

一个在坑里摸爬滚打的人，需要的是有人陪他一起待在坑里，承担他的恐慌，分担他的压力，安抚他的失败，和他一起感受困境，这个人要比他更强大，能经得起压力，还能不断给他支持和鼓励：我相信你一定可以，我们一定可以。

成年人经常找不到这样的陪伴和相信。因为每个成年人都有自己的坑，谁生活里都没有容易二字。谁有精力真的陪另一个人走过人生的困境呢？他又有什么义务必须这样做呢？就连夫妻，大难临头还会各自飞呢。没有很深的感情是很难做到这些的。

但是孩子不一样，孩子有父母，理应获得这样的力量。

成长的力量

我曾经在一本儿童精神分析书籍《光有爱还不够：帮助孩子构建自我》中读到，在一个孩子的成长过程中，你不仅需要给予他爱，还要让他感受到成长的力量。

什么是成长的力量呢？就是一个人渴望自己有正向变化。

不管是在哪一个方向上，能感觉到自己在变得更好，能发现自己身体中的能量，能做到从前做不到的事情，感受到自己的力量在逐渐增强，都会让一个人感受到由衷的喜悦。这种自我成长的喜悦，很大程度上会超过物质刺激、娱乐和虚无荣誉带来的喜悦。

当孩子有挫败感的时候，第一反应往往是逃跑：我不做了，我不玩了，我不学了。而父母常常束手无策，不知道应该让孩子放弃，还是逼迫孩子。最后的结果往往是矛盾丛生，孩子产生逆反厌倦的情绪。

这种情况下，其实问题不在这件具体的事情上，不在于这件事是学数学、背英语单词，还是跳绳，而在于父母需要发自内心相信：孩子内心深处是渴望做好的。

孩子内心深处是渴望成长的，因此他们会去尝试，会被自己的成就所激励。父母要做的事情其实也很简单，调动出孩子内心深处的这种渴望，让孩子找到自我成长的喜悦。

回到跳绳的事情。在试图指导女儿跳绳遭遇初步失败之后，我本打算放弃这一天的练习，带女儿回家。在回家的路上，我还想再试一下，于是想了一个小游戏。

“咱们现在用绳子玩抓小鱼的游戏吧。”我对女儿说，“假设这条绳子是渔网，你的两个小脚丫是小鱼，你把绳子甩过去抓脚丫鱼，两个脚丫要是被绳子抓住了，那脚丫鱼就输了，如果两个小脚丫跳过绳子，没被抓住，就赢了。咱们看看脚丫鱼会不会被抓住，好不好？”

女儿被“脚丫鱼”的说法逗笑了，来了兴致，说“我看看脚丫鱼在哪里”，然后甩绳子过去，两个小脚真的像小鱼一样乱窜，有时候活泼泼地迈过去，有时候却一下子被绳子逮住。脚丫被绳子拦住的时候，我就笑着说一句“又被抓住了，今晚回家可以吃脚丫鱼了”。女儿就笑着接着玩，想尽办法让脚丫每次跳过去，而不是被抓住。

这么玩了一阵子，她对跳绳不那么抗拒了，我鼓励她再练习三次，就回家吃饭。她答应了。我告诉她，不用跳很快，每次就慢慢地，只要手和脚数着一样的节奏就好。她跳了几次，有时候能连着跳三四个。只要她的手和脚节奏一致，无论其他细节做得多差，我都给她拼命鼓掌。再后来，我们回家，我夸她有进步。我说让她相信我，我相信她一定没问题。

第三天晚上，女儿在家里，突然自己开始练习。她有一次连着跳了五个，把自己高兴坏了，一直在说“我能连跳五个了”。她当时的喜悦是由内而外的，这是她自己取得的成就。

第四天晚上，女儿又在家里练习，这次连着跳了七个，我们欢呼着给她庆祝。再后来她去了姥姥家，在姥姥家能连着跳 20 个了，连上学路上都要跳着绳走。

从这个时候开始，跳绳不再是一个心理问题，而成了技巧问题。技巧问题总比心理问题容易解决一百倍。

整个过程中，我并没有明确的策略，并没有想好每一步要怎样做，我都是在与女儿的互动中，临时调整方法。总结下来，这个过程有用的方法大概是以下几个。

相信孩子愿意做好。因此面对孩子的挫败时，没有责骂或焦虑，也没有放弃，而是等待着，帮他去寻找能启动他的那个点。

用游戏来陪伴。游戏永远是拉近与孩子心理距离的方式，如果一个游戏不行，就两个。用游戏交流是一种姿态，一种愿意与孩子站在一起，陪伴他的姿态。

看见真正的努力。任何一个人真正的努力，都不是在指令之下被要求的努力，而是没有指令的时候自发的努力。

这样的过程对跳绳适用，对其他学习也是适用的，只是流程可能更长，过程更为曲折。但是原理都是一致的，要无条件相信孩子自己愿意学好、能学好，相信他早晚会靠自我驱动成长，而在此之前，陪伴他度过所有困难的时光，帮他找到自我确信的力量。

相信相信的力量，这本身是一种信念。

摘彩虹的人

跳绳的事情之后，过了一段时间，有一天晚上，我和女儿在路上散步聊天，我习惯性地开着录音记录聊天过程，中间有一段完全出乎我意料的“摘彩虹”的故事。

在随口编的故事里，女儿讲了她摘彩虹做成棉花糖的故事，她说她在暴风雨之后飞到大海上，摘来彩虹做成棉花糖，发给所有小朋友吃。我随口问她，你的棉花糖要发给谁呀？她说，谁相信我能摘彩虹，我就发给谁。我当时心头一热，差点热泪盈眶。我告诉她，妈妈就是那个相信你能摘彩虹的人。

再后来，又过了两个月，我们和几个朋友一起去古北水镇爬长城，当时一起去的小朋友慢慢都开始让爸爸妈妈抱着，但女儿一直自己爬、自己走。走到中途很累的时候，她说："妈妈，当我不知道我能不能做到的时候，你再说一些'你相信我一定能做到'那样的话，行吗？"我说行。后来女儿一个人爬完了全程，又一个人走下来。连五岁的孩子都知道，她需要的是相信。

但很多时候，这样的相信是没办法证明的。

当有人问我，你如何证明你能摘彩虹呢？我没法证明。正如我没办法对女儿说，请你证明你能摘彩虹。她能证明什么呢？她只能想象。相信不需证明。全世界都看得到的是证明，看不到证明的时候，才是相信。

相信是一种情感性力量，一种心理力量。你相信一个人，是你选择无条件支持他，相信他可以找到自己内在的方向，内在的力量，相信他可以选择对的方向，自我提升，完成自我超越。你相信的只是他这个人。

相信也不等于一定成功。如果相信一个人，他就一定要成功，那么只有全校第一名值得相信了。相信一个人，是无论他成功失败，你都能接受，即使失败了很多次，你也相信他还能重新开始，找寻到力量。相信，说到底，就是一直陪伴，即使对方失败也不放弃他的心。

为什么相信的力量这么重要?

因为人世间的所有征途，都是差不多的，都是河流中间一块接一块的石头组成的。石头之间并不遥远——但凡是在安全的平地上，正常人都可以跳过去。跳每一步时如果能有专注和沉静的勇气，就能一步一步跳到彼岸，但凡中间感觉到慌乱、自我否定、怀疑和胆怯，就会掉到河里，被河水淹没。

我们每个人的资质没有那么大差异，也没有哪条路是有最大成功概率的路。当一个人能相信自己，也能感受到来自他人的相信时，在那些需要专注和勇气的时刻，就能如履平地。

07. 父母使命：孩子的成长，是父母学会逐渐撤退

我女儿 6 岁了，已经上小学了。之前报名的时候，我带着她一起去，我问她想上小学吗，她说想，我又问她想一直做小孩，还是想做大人，她说她就想做一名小学生。那个时候，突然有点感叹，曾经的小宝宝，一转眼就长大了。

女儿的独立，出乎我的意料。

她似乎突然间就长大了。她主动学英语；学自行车也不再因为困难而哇哇大哭；出门玩的时候，把她丢进孩子群里，她能跟别的孩子玩得很好，再也不需要担心她的社交问题；她很久都不哭闹了，还会给弟弟讲书。我有时候跟她聊天，会感觉自己是在跟一个朋友聊天。爬长城的时候，她可以连续走五小时山路，上山下山完全靠自己一个人。

这种时候，我总是会回忆起她三岁半的时候，我和她两个人走在异国他乡的雨雪天气里，她拼命努力向前走，可还是哭着说“妈妈，我太冷了，我实在走不动了”，我一手抱起她，一手举着伞，挺着大肚子，顶着波士顿的狂风，也不知道哪儿来的力气，心里只

想着她太冷了，一定要护着她尽快回到家里。她的头躲在我的颈窝，那个时候，我知道我是她唯一的保护伞。

女儿那个宝宝的状态还历历在目，转眼间，她就长大了，成了大孩子了。

总有一天他会单飞

看到女儿的成长，我也回忆起自己做女儿的状态。

很多时候，每个妈妈最受不了的，就是某一天自己的孩子不再需要自己了。那种不需要是真的不需要，不仅仅是不需要妈妈照顾衣食住行，渐渐地，也不再需要妈妈的精神陪伴和情感支持。孩子变成了一个单飞的个体，不需要父母无微不至的呵护。

这种情况下，母亲往往会失落心碎。

因为懂得这个过程，在自己女儿的成长中，我能清楚地看到她的独立和渐行渐远。她仍然会每天扑到我怀里，仍然在晚上要求搂着我入睡，仍然爱和我分享她的小秘密，但我知道，在很多时候她已经是个独立的孩子了，内心的完整度已经不再是幼时那个小宝宝了。她不再像一岁时每天黏在我身上，也不再像两三岁时见不到我就害怕。她已经知道如何处理自己的生活，在动画片不足以满足自己的时候才来找我来玩。这时候最好的做法，就是守护她的成长，目送她渐渐地远离。

到了小学，她会有自己的想法和偶像，会花大量时间在自己选择的事情上，而非妈妈给她选择的事情上。她会开始做自己的公主梦，而与幼年时期最大的不同是，她的绝大多数公主梦，将不再告诉我。

她会进入到少年时期。

父母要学会并适应自己的逐渐撤退

依恋理论强调母亲对孩子的重要性，说的是理想中的妈妈，而不是现实中的妈妈。所谓理想中的妈妈，是指孩子潜意识里对于一个无限爱自己、无限支持和温暖自己、无限安全的理想成人的印象，这个印象帮助孩子获得安全感，也成为孩子自我评估和面对生活的基础。而现实中的妈妈，是实际照管生活、制定规矩、约束选择的有掌控力的成年人。这个成年人，最初对孩子是很重要的，但是会随着孩子自身力量的逐渐增强，慢慢不再是孩子生活中最重要的角色。孩子会对老师、同学、挚友、爱人、上司的想法越来越重视，也会对自己的想法越来越重视，让现实中的妈妈退到相当边缘的位置。

这个过程会从孩子四五岁，一直持续到二十四五岁，整整二十年都在相对关系的调整和此消彼长的依赖、独立中度过。而如果过渡不顺利，要么孩子独立性受损，要么亲子关系受损。这些会映刻在孩子生活里的各种人际关系中。

如果父母能逐渐接受孩子的离开，那么整个过程对父母和孩子的身心发展都更为健康一些。孩子的离开不是发生在考上大学坐火车离家的那一刻，而是在他内心中自我意识崛起的每一刻。

父母和孩子的关系，可能比较理想的是这样几个阶段：呵护—引导—陪伴—港湾。

1）0 ~ 3 岁：孩子的一切需求都要通过父母来实现，父母要呵护所有。孩子的所有情感需求都得到满足，会获得充分的安全感。

2）3 ~ 6 岁：孩子需要在父母的引导下学会独立生活。生活自理能力和自我管理能力，对此阶段的孩子形成健康的人格意义重大。

3）6 ~ 18 岁：孩子需要向自己的目标努力，找到自我定位，并与同龄人交流。在这个阶段，父母逐渐从引领者退回为陪伴者，帮助孩子成长。

4）18 岁之后：孩子要在自己的人生中面临孤独与亲密的挑战、自我与家庭的挑战，父母成为孩子脆弱时愿意回归的港湾。

人生的每个阶段里，孩子面临的挑战都不同，父母所应承担的角色也不同。总体而言，父母从孩子的人生中逐渐撤退，从无微不至的照顾者变成人生导师，从人生导师变成朋友，再从朋友变成“树洞”。父母如果能顺利撤退，就意味着孩子独立成长的过程顺利。

4 ~ 10 岁是孩子独立人格成长很重要的阶段，父母要怎样引导呢？

我记得很多年前，在大学里和一个美国女孩讨论社会帮扶，她说的一句话让我至今印象深刻。她说“We offer，but not give”，这句话点醒了我，至今仍是我觉得各种人际关系中最合理的态度。

Offer 的意思是提供，give 的意思是给予。Offer 是把好东西放到你面前，拿不拿随你决定，give 的意思是把好东西塞到你手里，不拿就是不给面子。

如果养育孩子时抱着“提供”的态度，父母就不会容易生气。在孩子面对选择的过程中，他的人格独立性就会一步步成长起来。

父母和学校是不一样的，学校需要统一规则，因为学校要面对成百上千的孩子，对秩序需求的优先级高于对每个孩子独立人格培养的优先级。但父母不一样，父母的使命是让孩子顺利度过他的一生，这意味着没有任何事比独立人格的培养更为重要。

第五章
构建通识教育

从哈佛耶鲁到清北交复，全世界名校都在实践的教育

当我成为一个母亲，我开始广泛学习各个心理学、教育学流派的相关知识，包括但不限于：蒙台梭利教育、正面管教、精神分析、游戏力、无条件养育、华德福教育、IB 国际体系等等，而当我开始了解通识教育，我发现这是我最认同的教育理念。因为通识教育，是要培养一个具有独立思考精神的完整的人。它教人广博，将人类文明视角贯穿各个学科，让孩子纵览古今中外，胸怀天下；它强调多学科综合，认为科学理性、人文情感、艺术想象力都是一个完整的人应具备的素质；它还强调经典教育，认为大师经典最能代表人类智慧的精华，能让人获得情感和智力双重培养。

01. 价值：把世界装进孩子心里，让孩子成为更好的人

以前上学的时候，常有一种感觉，学了很多学科，仍然觉得很多问题解决不了。

最主要的原因是，上课讲授的所有知识，都与生活里真正担心的事情无关。生活里真正担心什么事情呢？担心自己的长相不好看，担心自己穿衣服土气被人嘲笑，担心自己喜欢的男生似乎注意别的女生，担心与班里的同学关系冷淡，担心未来不知道自己会成为什么样的人。所有这些事，在任何学科里似乎都没出现过。

这样的困惑，让我在学习的时候，感觉只是大脑在动，心一点都没动。

这些与自己息息相关的事情，该到哪里去学呢？

大学时，我也想过教育的作用。教育到底能否带给人一些对于生命价值的思考？

我原来以为人的情感与价值是无法在教育中传递的，因为这些价值一旦在学校灌输，就会变得索然无味而僵化。

大学时，我去旁听中文系的小说鉴赏课和哲学系的古代社会课。课堂上，老师会讲到安娜·卡列尼娜在自杀之前漫长的内心独白，讲到古代知识分子如何自我定位。这些课上所讲的内容充满不确定性，要么是老师给我们开放性答案，要么是几个老师相互之间激烈争论。总而言之，在那些课堂上，人生的价值和世界的规律是值得探讨的，是可以被质疑的，也是可以表达自己的观点的。

那时候，我第一次觉得，知识课堂也有那么一点贴近人生抉择了。

人生价值是可以被教育的吗?

直到后来过了很久，我读到这样一句话，内心强烈地震动了一下："聪明的教师会研究经典的文学及艺术作品，以揭示人类一直困惑不解然而又顽强摸索的问题。"

"人类一直困惑不解然而又顽强摸索的问题"，这句话戳到我心里最深处。很长时间，我心中一直有困惑不解而又顽强摸索的问题，我在茫然中寻找答案，兜兜转转总是回到原地。

在我看来，如果说教育有一个核心目标，那不外乎就是让人摸索出困惑而顽强的人生问题的解决之道。这就涉及，如何在教育中，引入对人生价值的思考。

人生价值是可以被教育的吗?

回答一：可以的，应该有标准答案，告知大家人生的价值是什么。

回答二：不可以，人生价值应该是因人而异，无法被教育。

回答三：可以的，可以冥想抽象名词的哲学含义，得出答案。

回答四：可以的，可以从学习知识中获得理性，再以理性对话的方式思考价值。

小的时候，我倾向于回答二，因为太讨厌灌输，所以宁可相信价值观问题是自己的问题，是不可讨论的。

然而，当我看的经典著作多了，我的心态发生了变化。经典的意义就在于思考那些始终存在的问题。在经典著作中，对人生选择和人生价值的讨论是通过逻辑推理、人物故事和富有激情的创作来加以传达的。事实上，价值领域是可以通过理性思考和交流来辨析的。对于什么是勇敢，什么是自由，什么是责任，什么是正义，什么是爱，什么是理想，都没有唯一的准确答案，而是可以加以理性思考的。理性和情感并不矛盾。

现在，我相信的是回答四。我不认为人生抉择和人生价值是靠冥想就能得来的智慧，这些问题，本身都需要从大量学习中摸索答案。什么是学习，不外乎从前人积攒下来的智慧中，获得对自己人生成长的启示。

对于价值问题，很多成年人依然迷惑，面对自我的崩塌、爱的困境、人生的难题，依然找不到答案。只有理性思考留下的信念，是我们面对自我、面对人生的真正心理基石。

真正的知识与自我成长连接

什么样的教育可以带给孩子真正意义上的理性和价值思考？

我给大家看看下面的两个模型：

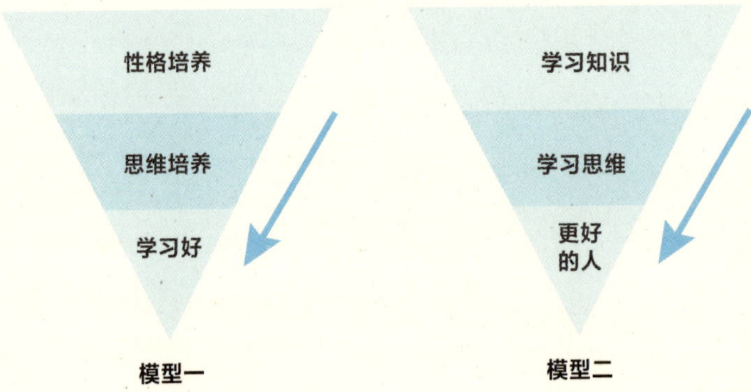

第一个模型的目标是学习成绩，此时的性格教育和思维教育都是导向学习成绩的。对价值的引导，是以能提高多少分数来衡量的。这个时候，价值引导并不是真正的价值引导。因为真正的价值引导，必然是开放性的，能够思考和讨论的，留有自我探索的空间的。

第二个模型的目标是更好的人。因此是完全反过来的，对情感价值的引导，并不是导向学习成绩。学知识的目的，是学会更好地处理情感价值问题，过好自己的人生，成为更好的人。在这个模型中，对知识本身的考查不是第一位的，而是注重知识背后的思考过程，注重知识与生活情境的交互关系。例如为什么让孩子学习古代贸易史，不是为了考试，是为了让孩子了解：处理与他人的矛盾，是从古至今人类都面临的困扰，交换是一种化解矛盾的智慧，你可以想一想还有什么其他方式，你也可以运用这样的智慧，去处理你生活中的疑难问题。

不能与内在自我成长相连的知识，都是架空的知识。

第二个模型，就是通识教育模型。

通识教育让孩子学习很多学科的知识，让孩子见识整个世界和宇宙，让孩子接触从古至今的智慧经典，但这并不是为了让孩子陷入知识的海洋，而是为了把世界装进孩子心里，让他们成为更好的人。

在《哈佛通识教育红皮书》中，有一段我最喜欢的话：

> 然而，人的人格不能被分解成几个独立的部分或品质。教育的目标是培养整全的人（the whole man）。有人曾精辟地说，教育的目的在于培养“好”人、“好”的公民和有用的人。“好”人的意思是内在的完整、泰然自若、坚定的人，它归根到底源于某种完满的人生哲学。人性的完整不是除其他四种能力（即有效的思考能力、交流思想的能力、作出适当判断的能力和辨别价值的能力）之外的第五种品质，而是与它们相一致的，并且也是它们的结果。

这里提到的这句话，“‘好’人的意思是内在的完整、泰然自若、坚定的人”，是整本书里最重要的一句。这里说的“好人”或者“整全的人”，是指“完满”“坚定”意义上的好，也就是内外一致的人，就如同古人说的君子如玉，内在完整不残缺，遇到风吹雨打也依然保持自我。

一个内在完整而笃定的人，是一个可以接受自我而仍然纯真的人，是可以经得起挑战而不崩溃的人，是可以坚持自我又与他人协调的人，是一个努力去做自己认同的事的人，是一个内心深处有善意的人。“好人”是可以自我定义的人。教育的目标是让每个人都能成为内心泰然的“好”人，在此基础上再追求卓越。

而这种标准——一个完整、泰然自若、坚定的人，也可以看作我们对孩子的基本期望。当孩子有一天能够挺过对自己的质疑，能够抵抗至暗时刻的压力和繁花似锦的诱惑，他才可能真正成为某个领域杰出的人。而这并不容易在短暂的课程里培养出来，但教育者可以让自己向这个方向努力，从而让孩子感觉到。

任何领域的专业学习都是有益的、必不可少的。但只通过专业学习，是无法让人过好这一生的。通识教育不等于多个学科教育的合集，它是让知识变成人生智慧的教育。

通识教育是以人格成长为目标的教育。因为人格是整全一体的，因此需要知识是全面的。它让知识进入孩子心里，最终的愿景是孩子的自我照亮。

为什么孩子从小就需要通识教育，而不能等到大学阶段呢？主要是以下这些理由。

1）教育以人为本

通识教育的目标，是塑造丰富完整的人格，从技能培训转向人格培养。这是整个世界的教育趋势。提倡以人为本的教育理念，帮孩子形成更有责任感和独立思想的丰满人格。

2）早期教育影响深远

通识教育目前多由著名大学开展，这阻隔了无法进名校的学生接受通识教育的机会。大学之后，学生的知识结构和思维方式已基本定型，很难获得大的改变和提升。而学龄早期教育，对学生一生的大脑和思维方式的发展都有更深远的影响。

3）学生选择专业常有盲目性

学生在高中甚至初中就需要选择未来专业，很多学生是在懵懂的状态下进行选择，对真实世界的问题和自己真正的兴趣都缺少了解。专业选择不当，会让学生未来付出巨大的调整成本。通识教育让孩子尽早了解世界各个领域，有助于制定个人成长方案。

综合以上这些理由，我相信通识教育需要从孩子小时候就开始。让孩子在成长的过程中接受通识教育，这既有利于良好思维方式的建立和养成，也是对兴趣的发掘。通识教育的理念是培养超越狭窄技能、具有广博知识和自由心灵的学生。

通识教育不应仅是世界名校的大学生才能享有的教育特权，它理应惠及所有学生，包括大学生、中学生、小学生。孩子从小的成长，也应该被通识教育的思想照亮。

02. 框架：
一个人发展的高度，
将由知识体系和认知框架决定

通识类课程最近这几年发展很快，市面上常见的是一些科普、历史方面的音频、视频，或者百科小动画。但是这些课程与我心目中理想的通识教育还有距离，普遍存在的问题有以下几种。

1）内容碎片化

只是告诉孩子一些零碎的知识点，它们之间是零散孤立的，缺少联系；学科之间也是孤立的，孩子不知道物理和历史有什么联系。

2）缺乏进阶性

一般通识类课程都类似纪录片，是泛知识普及，并不是专门针对儿童的认知，很少按照孩子特点，进行知识上由浅到深、能力上由低到高的设计。

最重要的是，没有提供有关顶层认知框架的知识体系，而我觉得顶层认知框架才是对人最有益的学习基础。

为什么人需要顶层认知框架

很多成年人进入工作中才意识到，自身缺少完善的知识体系和认知框架，这让一个人的发展受到很大限制，知识体系和认知框架的层次，会决定一个人最终能达到的高度。真正的领袖不可能只有老黄牛苦干的精神，一定有过人的眼界和判断力。

一般说来，一个人的顶层认知框架分为几个重要部分。

1）跨领域的能力

如果具备跨领域能力，一个人所能做到的职位也会高几个层次。例如：技术美术，会比一般画师收入有几十倍的提升；公司管理层，总是需要懂技术又懂商业；产品总监是跨产品和传媒的复合人才。能够文理兼修、多学科结合很重要。

2）顶层的大局观

能判断世界和周围环境的大格局，合理推断发展规律，判断发展趋势，做出恰当选择。顺势而为比逆势而动要高效许多倍，而这就需要对大格局和变化趋势有自己的思考判断。

3）思考本质原因

常人看事物经常只看到表面原因、表面差异，但是有洞察力的人能看到本质原因、本质差异。实际上，这个世界上的基本思维方式不外乎线性和非线性两种，本质差异也不外乎结构差异、相互作用差异、环境差异和时序差异这几类。当一个人懂得思考问题的基本维度，就能比一般人犀利有洞见。

顶层认知框架决定人的高度。而人与人顶层认知框架的差异，跟多年的知识积累有关，也与一个人的学习环境有关，是一种需要潜移默化地影响，最难短期改变的思维方式。

顶层认知框架如何建立？

通识教育融合各学科知识，提供最广阔的视野，是一种有效的顶层认知框架体系。那么，顶级名校又是如何建立自己的通识教育体系呢？以下先以哈佛大学通识体系的设计为例，介绍通识教育体系的设计思想。

哈佛大学开展通识教育由来已久。1943 年，哈佛大学校长科南特任命十二位专家教授组成专门委员会，历经三年的潜心研究，于 1945 年发表了《自由社会中的通识教育》报告书（后来也被称为《哈佛红皮书》）。该书认为“通识教育问题的核心在于自由传统和人文传统的传递”，阐述了通识教育的培养目标是侧重培养人的四种能力：

1）有效的思考能力；

2）交流思想的能力；

3）做出适当判断的能力；

4）分辨价值的能力。

哈佛大学从 1951 年开始试推行《哈佛红皮书》所提出的通识教育计划，其间经历几次大的调整，经过七十余年的探索尝试，将通识教育课程目标修正为五大培养目标：

1）清晰而有效地思考和写作；

2）对自然、社会和人文有批判性的了解；

3）了解塑造现在和未来的文化和力量；

4）了解并思考道德和伦理问题；

5）在某一知识领域有深入的研究。

那该如何让学生达到这样高远而又有现实意义的培养目标呢？

哈佛通识教育采取的方法是：广博学习、建构立体知识体系。它要求学生广泛学习科学、人文、艺术各领域的知识，并融会贯通各领域的知识，从而增强学生对整个世界的深刻认知。

新方案规定学生必须在以下八个领域中各选一门课程学习。

1）审美与诠释 (Aesthetic and Interpretive Understanding)

2）文化与信仰 (Culture and Belief)

3）实证与数学推理 (Empirical and Mathematical Reasoning)

4）伦理推理 (Ethical Reasoning)

5）生命系统科学 (Science of Living Systems)

6）物理宇宙科学 (Science of the Physical Universe)

7）人类多元社会 (Societies of the World)

8）世界中的美国 (United States in the World)

浏览哈佛大学选课列表，在通识教育类别下有八十七门课。课程包罗万象，例如，美国诗歌、中国故事——传统与变革、《神曲》中的宇宙、古希腊神话英雄、托尔斯泰和陀思妥耶夫斯基小说中的道德探寻、音乐和声音的科学、如何建立一个宜居星球、什么是生命——从夸克到意识，等等。

在教学方面，哈佛通识课程体系要求教师在设计教学方案的时候达到如下要求：

1）至少要符合一个以上的培养目标；

2）呈现广泛的教学内容，而非集中于单一话题；

3）帮助学生学会运用抽象理论或历史知识去理解和解决现实具体问题；

4）帮助学生意识到，他们所有的作业都对未来他们将成为什么样的人有作用。

通识教育课程希望能够让学生与老师之间、学生与学生之间增强互动，增加学生的课堂参与度，给学生机会参与讨论以及运用课堂学习到的知识解决实际问题。为了达到这样的效果，哈佛大学从每个院系寻找合适的教授，重新研发设计课程，并建立一套完整的通识教育学分体系。

如何给孩子设计通识教育体系？

在参考了哈佛大学通识教育的整体框架，并研习了儿童认知发展和心理特征之后，按照儿童的认知发展特点，我认为可以这样给孩子创立通识教育体系，帮助他们打开全球视野、认知自我与世界。

与大学通识教育的宗旨类似，孩子们的通识教育的目标也应当是让孩子的心灵更自由、思想更深刻、眼界更开阔，具有思考人类问题的能力，未来成为一个有智慧、有责任感的个体，具备深入的思考能力，在生活中做出明智选择。

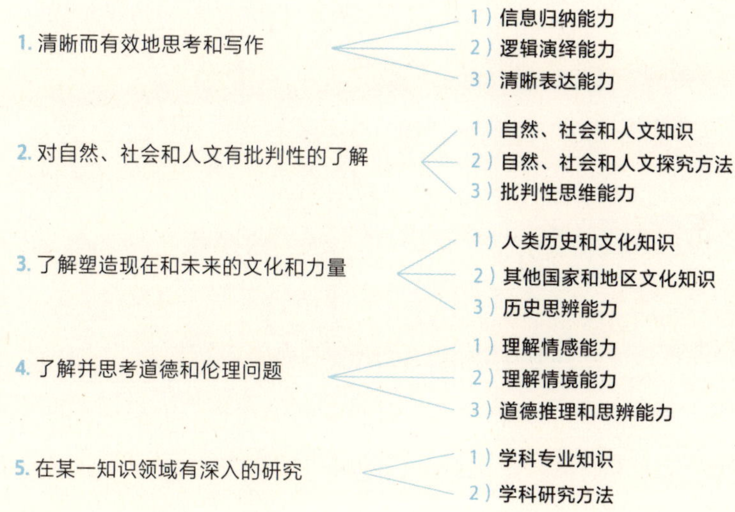

（1）教育目标拆解

任何教育体系，首先要有教育目标，一切的学习内容设置和教学方法设置，都要按照教育目标去设立。当我们认同通识教育体系的总体目标，我们就希望将其细化和拆解，落地到每一个环节。我把哈佛大学通识教育体系提出的对人的培养目标拆解为一系列细分的知识和思维能力目标，然后进一步汇集为“知识—视野—思维”三个层次。

知识：我希望孩子成为知识丰富、理解深刻、能够融会贯通运用知识的博学之人。我希望让孩子感受到人与自然共同演化、各国相互依存，给孩子关于世界的全景知识地图。知识积累是学习探索和人生选择的认知基础。

视野：我希望孩子理解人类文明发展，成为视野开阔、心态开放、承担责任的人。我希望孩子意识到自己是人类文明的成员，理解科技进步，未来能拥抱更广阔的世界。我相信，人生的长远发展和明智选择是基于对自我和世界的认知。

思维：我希望孩子成为懂得探究事物原理、能够灵活运用知识、创造性学习的人。我希望孩子逐步理解现象背后的原理、事物变化的推动力，只有理解原理与推动力，才能建立事物之间的联系，将所学知识运用到未来生活。我希望孩子熟悉人类积累至今的探究方法、思维逻辑，对问题能给出自己的疑问、思考和创意。

“知识—视野—思维”是建立儿童通识教育体系的最基本框架，其中“思维”又可以进一步拆分成四种思维模型、十二种思维能力。

思维模型	思维能力		
批判性思维	观察归纳能力	逻辑推理能力	观点辨析能力
创造性思维	想象发散能力	感受审美能力	解决问题能力
社会性思维	情景分析能力	价值推理能力	表达沟通能力
成长性思维	自我认知能力	情感理解能力	判断选择能力

（2）知识体系搭建

在明确教育目标的基础上，需要根据孩子的认知特征，为孩子搭建适合其发展的知识框架，既能涵盖通识教育所希望达到的广博知识领域，又能由浅入深、由简单到复杂地让孩子进阶地学习知识。

首先需要遵循的原则是以基础思维发展为核心，以思维培养带动知识学习。这是一种“由树根至树叶”的正向学习方法。

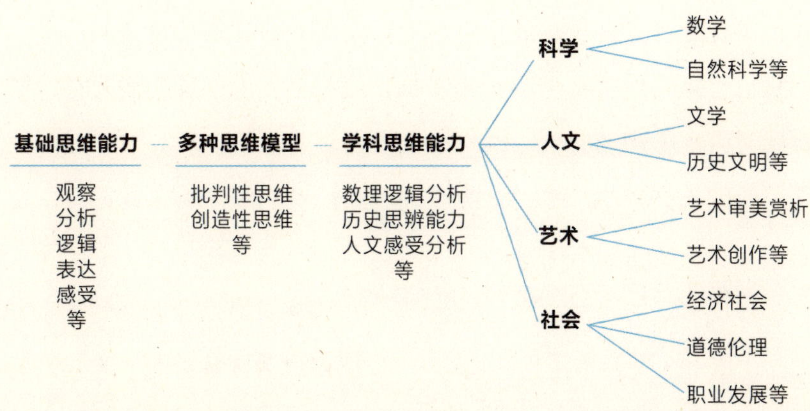

按照知识领域的综合性要求，给孩子的通识教育的知识体系可以分为科学、人文、艺术、社会四个板块。科学板块，包含自然科学、生命科学、数学和工程科技等领域；人文板块，包含文学、哲学、历史文明、中国和世界各国；艺术板块，包含艺术史，艺术审美赏析以及创作方法；社会板块，包含经济社会、道德伦理、职业发展等当代议题。

四大板块所涉及的知识领域如下：

1）科学

在科学探索方面，展现宇宙、自然与人类的发展演化，让孩子感受世界的复杂与奇妙，拥有科学探索的好奇心和勇气。

在科技创造方面，展示现代科技的杰出成就，未来科技的无限可能性，让孩子理解科技发展的基本动力，为未来科技时代做好准备。

2）人文

把孩子带入人类文明史，理解自己是人类文明发展的成员。

展示人类文明发展至今的过程，让孩子了解各个时期的历史，理解自己会受到文化和历史的影响，懂得世界上多种文明共存，懂得欣赏各个不同的文明。引导孩子思考哲思问题，理解并感受经典作品中的人文思想，探讨人类长久以来思考的永恒价值问题，以及人类文明发展的基本规律。

3）艺术

让孩子感受艺术作品的表达方式，获得审美和鉴赏能力的入门，聆听艺术作品背后的故事。在儿童早期，艺术赏析、艺术史和艺术技巧实践具有同等重要的地位。

我希望孩子理解，艺术不只是锻炼创作技巧，更是审美与感受，从艺术作品本身出发，分析艺术品的构成元素，最终能将艺术审美的思维方式融入生活。

除此之外，积极鼓励和培养孩子的艺术创造能力，从自由表达到有构思的创作，同时让孩子逐步学习成熟作品的创作方法。

4）社会

让孩子学会理解当代社会，观察周围社会的运行，理解金钱、法律、通信等社会基础构成，通过知识学习、社会调研等方式，让孩子更加了解真实社会运行的方式，对自身发展和职业选择有更清楚的思考和认知。

让孩子思考人际关系，懂得与别人和谐共处。通过一系列可实践的项目，让孩子学会观察自我、观察他人，思考人的情感特征。

（3）不同年龄的进阶方式

在幼儿阶段，先带孩子了解整个世界的方方面面，从各国文化到自然、人文，让孩子先有对世界的大致印象和整体概览。然后在小学低龄阶段，逐步带孩子深入历史文明，去探究人类历史发展的基本脉络和历史大人物的成就。到了小学高龄阶段，可以开始让孩子按照自己的兴趣方向，学习更专业的研究和创作方法，学习大师思路，建立认知的高度和思想的深度。

其中,在幼儿启蒙阶段,可以让孩子透过人类永恒的哲思大问题，更好地理解自我和身边世界，理解不同的文明和自然。

五大哲思问题分别是：

1）我是谁

了解人的特征和身体，了解身边的事物。

2）我在哪里

了解中国的位置与文明，地球在宇宙的位置。

3）我如何认知世界

学习人类感官和记录表达的方式，了解交通工具。

4）世界什么样

了解世界各地的自然生态，了解人类居住的城市环境。

5）世界的过去与未来

了解世界发展的基本阶段，畅想未来。

在学龄初期阶段，可以按照四大思考维度串联人类文明，让孩子熟悉对人类发展有最重要推动作用的思考方法，养成深入思考的习惯，并代入学业和未来生活。四大思考维度分别是：

1）起源：不断前行的追问——万事万物的源头是什么？是如何创造出来的？

2）结构：透过纷繁表面、寻找内部结构的思考——万事万物的本质是什么？

3）演变：追寻每种变化背后的动力原因——万事万物的变化是因为什么？

4）未来：相信进步的力量，推演未来——万事万物以后会怎样？会更好吗？

当我们用这些大问题串联知识领域，就可以把科学、人文、艺术、社会领域的知识串联到同一知识脉络中，把各领域毫不关联的学科贯穿起来，帮助孩子养成跨学科的思维。未来无论是在学生阶段，还是工作阶段，在顶层认知框架和基础思维方法的指引下，他们都会更游刃有余，判断也更明智。

这就是通识教育希望给孩子建立的顶层认知框架。

03. 学科：不必是学霸或天才，每个孩子都能文理兼修

读书的时候，我的各科成绩一直比较均衡。

从初中开始，我一直读理科实验班，但高中拿过的唯一一个奖项是作文奖。高三的时候，我的所有科目平均分都是130分左右，上下不超过5分。大学的时候学了天体物理专业，博士转了经济学专业，业余时间写小说。

我一直觉得我的缺点是没有任何一科特别突出，以至于很长时间无法判断自己的方向，找不到自己在哪方面有天赋。最初在学校的时候我曾因此自我贬低，很羡慕理科天赋极强的同学，也很羡慕少年成名的作家。当时觉得自己太平庸了。但事隔多年，回头来看，这也是一种特点——可能我唯一突出的特点就是擅长在不同思维之间切换。

文科思维和理科思维之间，究竟如何切换呢？

说到这里，要先提一下人工智能。像阿尔法狗（AlphaGo）这样的深度学习人工智能，都是功能比较单一的人工智能机器人，下

围棋的机器人只会下围棋，翻译语言的机器人只会翻译语言。但我们人类不是这样。人类大脑的可塑性非常强，学习新功能、增加新记忆不需要安装额外的“大脑硬盘”，而只需要对现有的大脑进行训练。

我们的大脑，可以学会多种思考问题的方法。

文科思维和理科思维，就是大脑可以学会的两种思考问题的方法。

如何才能做到文理兼修呢？答案也很简单，找到文科和理科背后的底层能力。

文科和理科的底层能力分别是什么呢？

可能学音乐的人都知道学音乐最重要的不是练手，而是视唱练耳。练手是输出，练耳是输入。需要培养耳朵的记忆能力，能找到精准的音高和旋律，要在心里建立起“内心声音”，才能做好输出。“内心声音”就是音乐的底层能力。

其实，文科和理科的学习也需要底层能力。

理科的底层能力是什么呢？其实不是计算能力，而是抽象思维能力。

文科的底层能力是什么呢？其实不是修辞能力，而是感受能力。

理科的底层能力从哪儿来？

我经常跟人说，小学数学总共学哪些东西呢？不过也就是四则运算、分数、小数、方程和简单几何。这五样东西一会儿也就讲完了，分成六年学，时间完全是充分的，可以慢慢学不着急。为什么很多小朋友会觉得很难呢？我猜想，不是不用功，而是没有充分理解概念。我刚接触未知数和方程的时候，也有挺长时间不适应，但一旦理解了未知数，所有问题都容易了一大半。

这个过程在大学里也经历过，大一接触微积分和线性代数，有一段时间觉得不适应，好多概念就是想不明白，做题目也完全没有思路。但是后来，我弄明白了这些数学概念，例如二阶导数、维度、内积空间、角动量等等，所有大一学得云山雾罩的概念，开始变得清楚，这个时候再去看题目，答案就一目了然。数学和物理，其实也是一门语言。概念懂，题目就不难；概念不懂，题目就很难。

那到底怎样才能懂概念呢？

最主要的是，要练习在头脑中进行操作。我们可以在头脑中建立真实世界的模型，然后对其进行随意的想象操作。书上的符号和公式，只是把头脑里那些不可视的操作表达出来。如果没有头脑中的这个过程，只看书面上的知识，就非常费解，也非常碎片，需要大量机械记忆才能掌握。

举个例子，当孩子学习分数的时候，会学习1/2+1/3的计算方法，也会学习1/2×1/3的计算方法。如果只是背下来分子分母的运算规则，孩子可能经常容易混淆出错。但如果理解分数就是“切比萨饼”，就知道1/2的1/3是“把一半比萨再分三块”，那么1/6的答案几乎是直观的。此时再记公式，就绝不会弄错含义。

整个物理学发展史，都是人们观察自然，把自然装进头脑中，在想象的世界里进行操作，寻找到最合适的概念，再推理表达。这是科学最核心的思维过程。

因此，想要理科学得好，就可以不断尝试在生活中体验抽象概念，在滑滑梯时思考力的原理，在路上看汽车思考坐标系。父母可以让孩子养成多观察的习惯，比如让孩子去观察总结多种事物之间贯穿的特征是什么，引起差异的因素是什么。还可以多做推理练习，假设反例，思考前因后果。

就像音乐需要“内心声音”，理科也需要“内心模型”。可以说，在头脑中进行抽象思考，是理科的“视唱练耳”。

文科的底层能力从哪儿来?

文科思维的核心是什么呢?

不是记忆力，而是感受力。想要有良好的人文、艺术学科的理解和创作能力，感受力是第一位的。对于作品本身的感受，以及对于人的情绪和周围环境物品的感受力，是一切人文艺术学科能够学好、能够产出优秀作品的基础。

经常有人说，文学和艺术没什么标准，一人一个品味。这话固然也有道理，但即便如此，文学和艺术里仍然有永恒的部分。每个人都有自己的品味，而每个人的品味本身，就和一些永恒的情感感受相连。

为什么一个人会爱看特定类型的文学艺术作品？当你看爱情片，内心中得到抚慰，是人性对爱的需求。当你看热血体育片，内心得到震撼，是人性对胜利的需求。当你看紧张的悬疑片，内心得到刺激，是人性对好奇心的需求。所有吸引人的作品，背后一定是人心深处的永恒情感。

而文学艺术作品的高低境界在哪里呢？经典的作品，能与人的内心产生共鸣，但是又有足够抽离的高度和境界，让作品本身有超然的独立性，让每一个人都能理解，不会陷入过于浅显的单一视角。

那怎么才能让孩子学好人文艺术呢？

其实不是上更多培训班。很多人都有体会，语文培训是最难出成果的。同样的培训套路，同样的技巧和教法，一个班上的孩子还是千差万别，因此语文培训也是很难标准化复制的。

前些天和一个学艺术的朋友聊起来，该从什么时候开始让孩子学美术。朋友的观点是，学技法不着急，太小的时候开始技法训练反而束缚孩子，让孩子先无拘无束地表达比较重要。我当时说，写作学习更不着急，成年以后再学都来得及，先做到自由表达，这是一切写作的基础。

对文科的真正培养，是在生活中，让孩子对自我和他人内心的情感和视觉审美更敏感。人文艺术，本质上是对情感与想象的表达，如果不能对自我的情感和他人的情感很敏感，对万事万物的视觉效果很敏感，那是很难体会人文艺术表达的感人之处，也很难有自我表达的动力。

想让孩子文科好，比起闷头做题，更重要的是在生活里去交谈、去感受情感。和孩子聊一聊他感受到的困扰和其他人的情绪，和孩子躺在草地上想象另一个世界，这些都有利于文科思维的发展。文学和艺术的思维，很多时候不是线性思维，而是靠想象力，靠直觉，靠强烈的共情能力推动。越是理解人性中的永恒困扰，越能深刻理解文学和艺术作品。大量感受作品，尤其是经典作品，也对提升感受力大有裨益。

可以说，增强感受力，是文科的“视唱练耳”。

一个人需要先有内心的感受，才能去很好地表达。

文理兼修到底如何去做?

实际上，文科和理科要用到不同的感觉能力，如果有意识培养，不同方向的底层能力都有可能得到提升。抽象思维和推理能力，并不影响一个人对他人的敏感，而良好的审美能力也不会破坏一个人的理性思维。

文理兼修其实并不难，只需要有时间和空间，每个孩子的底层能力都能得到建设。若没有人引导孩子观察，没有人和孩子讨论情绪感受，孩子这方面的思维就很少得到开发，之后的学习就会觉得陌生。在生活中多练习观察、归纳、假设、推理、讨论、表达，孩子的抽象思维和情感感受能力就能得到提升。

孔子云：“学而不思则罔，思而不学则殆。”越是想让孩子在长久的发展中有十足的后劲，越是不能让孩子只学不思，早早陷入迷惘。让孩子在埋头学习之外，有足够的时间抬头看天思考，是头脑获得充分滋养的前提。自由地推理、想象和感受，才是文科理科获得长久发展的基础。

文理兼修究竟有什么好处?

如果仅从考学和谋生的角度,也许只精通擅长一门课就足够了。能够把一个学科搞懂，就能获得一门谋生的手艺，找到一个差使。绝大多数人可能在工作中用不上化学分子式、物理公式和古诗词常识，为什么要让孩子学这么多东西？文理兼修要求太高了吧？

实际上，文理兼修的成绩，反而不是最重要的，最重要的恰恰是文科和理科背后的思维。

抽象思维和推理能力，对一个人在任何领域的工作都有莫大帮助。当你能把“从证据到逻辑”的思维谙熟于心，你在做任何判断的时候，都能敏捷高效。当你思考新闻传播时，就能用“波动模型”做支持；当你思考企业发展时，就能用“维度”和“完备集”的概念做支持；当你能用批判性思维去听各种各样的专家观点时，就能快速提取出有用的信息。

人文艺术的学习，能增强孩子的感受力与想象力，让孩子理解人的情感。在戏剧《普罗米修斯》中，我们能体会到个体顽强的求索。在雕塑《阿波罗与达芙妮》上，我们能看到最纯美的爱欲。在“纵有千种风情，更与何人说”中，我们体会到别离和遗憾。在太史公的“同死生，轻去就，又爽然自失矣”中，我们看到了生死与成败得失的淡然。最终，这些感受，让我们找到与他人、与世界的关系。

文理兼修，也是通识教育的理想，就是通过知识学习，让人获得心灵成长。

科学、人文、艺术是丰富完整的心灵成长不可或缺的三个方面。

从科学学习中，熟悉逻辑推理和理性思考；从人文学习中，理解深刻情感和社会关系；从艺术学习中，增强美的感知和自由想象的能力。而所有这些加起来，是一颗丰盈完整的心。

通识教育和专业教育相辅相成，它们的区别不在于知识，而在于背后的培养理念。通识教育以自由心灵为培养目标，更多是希望引导孩子发展底层思维，让孩子获得逻辑、感受和想象的多方面心灵成长。

我们最终期望的，就是孩子能从知识中获得自我启迪，即使不是天才，而只是各方面一般的普通人，也可以平静笃定地生活。

04. 经典：超越“必读书目”之上的意义，给孩子思想的力量

我们小时候常被教导，要多读经典，但是多数人读不进去，无论是文学名著、历史著作还是科学著作，都觉得过于深奥，佶屈聱牙。那该不该引导孩子读经典呢？又如何才能让孩子对经典感兴趣呢？其实，最重要的是要了解，经典到底好在哪儿。

生活中的矛盾体

经典到底好在哪儿？ 我们经常会嘲笑“装深沉”的人，如果谁说话或者发朋友圈的时候，动不动就是“黑格尔说”“尼采说”，我们常常会嘲笑他卖弄。但有时，我们自己发朋友圈的时候，也忍不住会晒一些自己遇到的经典语录。

当我们嘲笑别人卖弄的时候，我们在嘲笑什么？当我们分享经典语录的时候，我们又在分享什么？

实际上在生活中，如果一个人发自内心想要分享一部电影、一

本书、一句话，一定是因为它触动了他的内心。当一个人看到自己模模糊糊感受到的思绪，被一位大师以无比清晰的语言说出来时，他内心定是激动不已的：原来我的思想，跟大师如此接近！果然是大师，看事物如此透彻！

在某种程度上，“卖弄”是在凸显自己和大师的共通之处，这固然是有虚荣的成分，但这恰恰意味着，经典中有某种放之四海而皆准的东西。但同时“卖弄”也有真诚的一面，因为所有想分享和推荐的，都是一个人内心深处的心声。

经典为什么是经典

为什么很多经典句子，经常让人产生强烈共鸣的感觉？为什么我们会因为一些陌生人的话语而激动？他们明明远在另一个时空，生活在我们从来都没去过的地方，说着我们听不懂的语言，但他们写出的文字和营造的画面，为什么会让我们心潮澎湃？

最主要的原因是，经典中的很多话，用最凝练的语言，讲出最普遍的原理。这些话讲出了某些“人人心中皆有，人人笔下皆无”的东西。

经典作品之所以是经典，是因为经典在书写有关于“人”的真理，也就是在书写有关你和我的真理。

普鲁塔克写恺撒的时候，他不仅是在写一个两千多年前的罗马人，也是在写任何一个带领团队的领导者，在面临巨大压力和不确定前景的时候，如何在黑暗中承受孤独，掷出命运的骰子，孤注一掷跨过河流。

欧里庇得斯写抛弃父兄,与人私奔又被抛弃的可怜女人美狄亚，并没有带有道德训诫，也没有对她品头论足，而是在美狄亚的悲伤痛苦中反思女人的命运“我们女人算是最不幸的”，以及女人在绝望中的自我保护“我可不要那种痛苦的高贵生活和那种刺伤人的幸福”。美狄亚杀子的悲剧是可叹的，但是经典作品展现的是更深刻的人性的矛盾。

所有这些，即使从两千年前拿到今天，依然是人心深处永久的困惑。

少年时不容易喜欢经典，可能是因为经典作品中的人物往往都不理想化——少年心性最喜欢快意恩仇和英雄神武，而在经典作品中，只有复杂的不完美和永恒的缺憾。只有足够成熟的时候才懂这样的真实多么震撼人心。

经典文学、经典哲学、经典史学、经典科学、经典艺术，它们探寻的就是人世间的真相是什么，人心深处的永恒困扰是什么。因此无论过多久，它们都能激起我们内心的波澜。

经典的意义

说回到教育，我们为什么要引导孩子理解经典?

也许我们小时候只是懵懂看了一些经典，算不上喜欢，也算不上理解。但是慢慢长大，看过和没看过经典的人，人生是不一样的。

卡尔维诺在《为什么读经典》中这样说：

这种青少年的阅读，可能（也许同时）具有形成性格的实际作用，原因是它赋予我们未来的经验一种形式或形状，为这些经验提供模式，提供处理这些经验的手段，比较的措辞，把这些经验加以归类的方法，价值的衡量标准，美的范式：这一切都继续在我们身上起作用，哪怕我们已差不多忘记或完全忘记我们年轻时所读的那本书。当我们在成熟时期重读这本书，我们就会重新发现那些现已构成我们内部机制的一部分的恒定事物，尽管我们已回忆不起它们从哪里来。这种作品有一种特殊效力，就是它本身可能会被忘记，却把种子留在我们身上。

把种子留在我们身上，这就是读经典的意义。

当我们记住经典中那些苦苦求索的人，我们在任何情境中，内心深处都不会完全孤独。我们是安娜·卡列尼娜，是默尔索，是普罗米修斯，是卡珊德拉，是麦克白，是太史公，是断肠人在天涯。我们所面临的窘境、压力与不被理解的孤苦，都是“人”这种生物从古至今都在面临的永恒困境。

而所有这些先行者的思维智慧，最终也都留在我们身体里，与我们化为一体。

经典，意味着将人类融为一体，跨越时间地点。我们以为自己读不懂经典，可是在人生遇到困难的时候，我们身体里蛰伏的每一个经典都会站出来，支撑我们的身体和精神意志，让我们找到走出困境的路。

该如何引导孩子理解经典

当我们知道经典的意义，我们又该怎样引导孩子理解经典？

小时候当师长反复讲应该阅读经典、名人故事，讲一个作品的中心思想，有多大的历史成果……我们总是很难感兴趣。究其原因，我们很难根据一个人或者一个作品的外在属性而对其感兴趣。让我们感兴趣的，永远是一个人或者一个作品的内在属性：它讲了与我有关的什么智慧？它触动了与我有关的什么情感？

那么今天，我们又该用什么样的方式让孩子对经典感兴趣？

在《哈佛通识教育红皮书》中，有这样几段话，极为鲜明地讲述了学习经典的方法：

我们处于与人类的历史丧失联系进而又彼此丧失联系的真正危险之中。补偿的办法并不在于对历史知识多一些了解。历史知识现在已经堆积如山，超过了前面任何一代人的积累。知识如洪水般泛滥是我们这个时代的主要难题之一……现在，即使学术大师也不能够看到连续的、完整的人类历史，而其余的人所看到的更只是历史片断。

诗意正是我们所需要的。正是通过诗意，即对于通常事物的具有想象力的理解，人们的思想才会最深刻、最根本地联系在一起。因此那些书籍——不论是诗歌还是散文，不论是史诗、戏剧、小说还是哲学——都曾经是人类伟大思想智慧的集成，并极大地影响了一批人，继而又影响了其他人。……我们完全可以认为，启迪和教诲了许多代普通读者的作品，已经演变成大家的共同财富。这些作品丰富了人类的精神世界，而自身也得到了丰富，它们要比那些昙花一现、流传不超过两代学生的作品更受人欢迎。

学习世界艺术传统，是要通过分享大师的视野而培育人的心智，同时也是为了体验纯粹的愉悦。但介绍传统仅仅是艺术学习的一个方面。在这里，我们认为艺术学习的另一方面就是要有助于个人的心智。大师的作品不是用来机械模仿的，这些作品的价值就在于它们能在孩子们幼小的心中播撒一粒种子，这粒种子将来能长成或大或小的一棵树。艺术学习必须融入每个人自己的东西，这样艺术品才能产生个性化的新形式。

这几段话的意思是，人类历史文明已经极为浩瀚，学习的方法并不是记住更多信息，而是诗意地理解集成人类思想精华的经典之作，并以个性化的方式融入自己的想象。

这里面，最重要的几个关键词：诗意、体验、个性化。

如果我们想让孩子学习经典，最重要的是要让孩子带着自己的诗意与想象，感受和思考经典作品，让孩子获得代入感的理解，进入经典作品的内在情感。这是学习经典的关键。

在引导孩子接触经典的时候，我们可以问问孩子：

你觉得这个人怎么了？他为什么会开心／难过？

如果是你，你会如何选择？为什么？

你觉得这个人的观点和我们之前看的观点有什么不同？

你注意到他用了什么方法吗？他是怎么推理的？

你喜欢哪个作品？它带给你什么样的感受？

所有这些引导，都是让孩子带着自己的感受理解经典，这也是让孩子在思想上和审美上都获得深刻滋养的重要方式。唯有这样，孩子才不会被一些“十九世纪某某学派……”搞得云山雾罩，而是将经典作品中的智慧与情感吸纳到心中。经典是将永恒凝结于一瞬。

当我们看到米开朗琪罗的大理石雕像《哀悼基督》，即便远隔几百年，我们也能感受到作品里的哀愁：母亲抱着逝去的儿子，儿子瘦弱的躯体倒在母亲的手臂上，再怎么挽留都无法阻止生命一点一点流走。米开朗琪罗雕刻得很细致，就连耶稣手背上的血管都分毫毕现，几乎能从大理石中感受到皮肤的触感和生命流逝的痛。

通识教育与经典学习

通识教育强调经典学习。在通识教育推行早期，历史悠久的名校，例如耶鲁大学，通识教育几乎等同于经典学习。后期的课程体系加入很多现当代科学技术和社会发展的学习，和经典学习相辅相成。

通识教育最注重的，就是将人类文明融为一体，让学生看见整体文明发展的脉络。而经典学习，最能串联人类文明精华。

在通识教育中，即使是有关科学方面的学习，也会放在人类文明史的整体背景中。因为真正的科学大师都在思考哲学史上传承千百年的经典问题：万物的本质是什么？万物为什么会运动？万物的规律是如何形成的？正是这些问题推动了全人类的进步。

《哈佛教育通识红皮书》中说：

当科学现象越来越远离个人经验，越来越复杂，越来越抽象，就必须从其他背景（即文化背景、历史背景和哲学背景）来学习科学事实。对一般学生来说，只有这种更为宽广的视野才能赋予科学的信息和经验以意义和永久的价值。

我们应该在什么时候进行科学的通识教育而不是专业教育呢？我们相信这个问题的答案很清楚。在大学水平以下，所有的科学教学都应该致力于通识教育。

历史上大多数时代的大多数人——就像当今的多数人——对于历史的精神传承相对陌生，甚至是一无所知的。一般人的日常生活，也谈不上和历史建立联系。但影响人类历史发展的伟大作品，内部都是有连贯的发展脉络的。思想家在前人著作的基础上开始思考，科学家在前人工作的基础上开始工作，艺术家在前人创作的基础上开始创作。这样的思想轨迹，是人类历史能向前推进的内在原因，也是碎片知识脱离碎片化的方式。

我希望带孩子一起，仰望人类文明的天空。

我想让孩子知道，无论现实世界是否令人失望，人类仍然是值得为自己骄傲的物种。在历史上零星闪过的那些纯真的天才，用他们的智慧，谱写值得骄傲的人类文明。

我希望有一天，我们的孩子也能为自己骄傲。

05. 行动：把学习和思考实践出来，是通识教育最后一块重要拼图

当平日里看到一些让人不安的信息，我们始终面临一个问题：我们该用什么样的态度面对世界？又该用什么样的态度给孩子讲述这个世界？很多年前，当我还是少年的时候，我也曾愤世嫉俗。但后来，我开始越来越少言说。不是看不到，而是换了一种视角。

行胜于言

清华大学的校风是“行胜于言”。

在初上清华时，我是不大认可这句话的。我觉得如果最后成为只会闷头做事、不会表达的书呆子，那有什么好呢？我当时下决心，我可不要变成闷葫芦。

但后来，我发现是我误解了这句话。“行胜于言”的意思不是只行动、不说话，而是说行动比语言更有力量。这是一种思维习惯，能做出来给别人看的，就不用说；如果做不出来的，说了也没什么用。

在一个地方待久了，耳濡目染就浸润了一个地方的风气。清华人并不太喜欢参与争论，看到一些争吵，常常有一种“我要去做出改变”的冲动。不能落地的策划就不喜欢去讨论。如果说十年的清华教育带给我最深的影响是什么，应该就是这种做事风格。

行动者有一些独特的反应。当行动者看到一个现象令人不满意，第一反应是：如果是我，会如何做？

如果看到一个路口闯红灯的人极多，一般人想的是：世风日下、设置不当、监管不严，谁来管管？而行动者想的是：这件事我能做些什么？若让我处理类似的情境，我怎样才能做得更好？这件事的问题在哪儿？有没有办法触达问题的核心？有没有办法解决问题？

对于行动者，这个世界上永远没有令人悲观泄气的无解局面，只有等待自己去想办法的一个又一个场合。他知道世界上有贪婪，有欺压，有不公，有压制，有战乱，有歧视，有贫穷，有虚伪，有病毒，有不幸，有灾祸，有欺骗……但他并不因此对这个世界彻底失望，因为他知道这个世界上只要还有行动者，就绝不会令人彻底失望。对行动者而言，世界的不圆满，正是自己存在的意义。

行动者的教育

我们能给孩子的，或许就是行动者的教育。

当孩子问我们：这个世界发生了什么，这个世界怎么了？

我们能回答的并不是非黑即白的简单答案，孩子们也不会满足于简单答案。复杂的世界，该如何向孩子传达？

也许我们能说的方式恰恰是行动式的：有人生病了，有人需要帮助，有人被人欺负，如果是我们，能做些什么呢？

当孩子开始思考病痛、思考污染、思考不公，他们可以瞬间化身为科学家、能源专家、政策专家。我们会惊异于他们头脑中思考事情的天马行空和复杂度。

以行动为视角的教育，可以让孩子将世界纳入自己的思维框架中。他们不再只是被动接受这个世界的现状，他们可以设想一个由自己改变的世界。这可以让他们对这个世界多一点宽容，也对自己多一分希望。

《哈佛通识教育红皮书》中写道：

> 教育必须被设计为：使学习过程中的年轻人认识到理论与事实之间的差距，让他们学会把思想转化为行动。做出恰当判断的才能不是理论教学发展出来的。作为一种艺术，它来自实例、实践和习惯。

行动者认清生活的真相后却仍热爱生活，因为行动者对自己抱有希望。

行动的力量

行动者往往可以获得额外的力量。

很多时候，许多人常被自己设置的门槛挡在很多事情之外。做一件事情之前，发现自己专业不对口，然后就认为自己没有经验做不了。其次是不敢相信其他没有经验的人，总想依靠成功人士的帮助。只敢相信现存的经典理论，只敢相信验证过的经验，只敢做一出手就完美的事。所以，一些原本优秀的人一直原地踏步，总说自己有想法，但什么都没有做。

行动者则与此不同。他的勇气来源于一个简单的念头：试试。

选择行动的人，不会等自己完美无缺才行动，他会在行动的过程中完善自己。

当一个人并不惧怕行动，敢于在不确定中迈出一步，那么他就获得了最好的课堂。行动成功，他将获得有关这件事的全部深刻知识；行动失败，他将获得有关这件事的深刻教训。他会在这个过程中学到专业知识，也可以了解到专业知识在实际中的具体应用。

实际上，这个世界上没有任何一件事的胜率是先天的，所有事情的胜率，都是行动者在行动之后才能算出来的。即使把自身优势、市场机遇、资源助力、战略策略、团队能力全都算得妥帖，如果行动系数等于 0，一切都还是等于 0。

行动者敢于向失败的可能性进发，这是他们成功的秘诀。

在教育中，如果我们能成为有信念的行动者，并用这样的力量影响孩子，他们的内心就不会太过患得患失，在将来的人生中，便敢于突破自己。

让孩子敢于行动，把学习和思考实践出来，这是通识教育大厦的最后一块拼图。我们要给孩子创造各种实践机会，让孩子走入真实世界，不畏失败，勇于行动。未来的他们，可以经得住世事变迁和自我怀疑，成为最坚定的行动者。